UNIVERSITÉ DE PARIS. — FACULTÉ DE DROIT

DU MOMENT AUQUEL SE PRODUISENT
LES DIFFÉRENTS EFFETS
DE LA SÉPARATION DE CORPS

THÈSE POUR LE DOCTORAT

Présentée et soutenue le lundi 30 octobre 1899, à 3 h. 1/2

PAR

ALFRED LECOURT

PARIS
LIBRAIRIE NOUVELLE DE DROIT ET DE JURISPRUDENCE
ARTHUR ROUSSEAU, ÉDITEUR
14, RUE SOUFFLOT ET RUE TOULLIER, 13
1899

THÈSE
POUR LE DOCTORAT

La Faculté n'entend donner aucune approbation ni improbation aux opinions émises dans les thèses; ces opinions doivent être considérées comme propres à leurs auteurs.

UNIVERSITÉ DE PARIS. — FACULTÉ DE DROIT

DU MOMENT AUQUEL SE PRODUISENT LES DIFFÉRENTS EFFETS DE LA SÉPARATION DE CORPS

THÈSE POUR LE DOCTORAT

L'ACTE PUBLIC SUR LES MATIÈRES CI-APRÈS
Sera soutenu le lundi 30 octobre 1899, à 3 h. 1/2

PAR

ALFRED LECOURT

Président : M. PLANIOL.
Suffragants : MM. BOISTEL, *professeur*,
PIÉDELIÈVRE, *agrégé*.

PARIS
LIBRAIRIE NOUVELLE DE DROIT ET DE JURISPRUDENCE
ARTHUR ROUSSEAU, ÉDITEUR
14, RUE SOUFFLOT ET RUE TOULLIER, 13
1899

BIBLIOGRAPHIE

André. — Régime modifié de la séparation de corps.

Arnault. — Examen de la loi promulguée le 6 février 1893, portant modification au régime de la séparation de corps.

Aubry et Rau. — Cours de droit civil français, 5e édition, t. I et II.

Barbier. — Des effets du divorce à l'égard des enfants. Thèse, 1894.

Baudry-Lacantinerie. — Précis de droit civil, t. I, 5e édition, 1894.

Beudant. — Cours de droit civil français, t. I et II.

Boitard. — Leçons de procédure civile, t. II.

Bressolles. — Observations sur le projet de loi du 6 février 1893.

— Nouvelles observations.

Bufnoir (Raymond). — De l'autorité de la chose jugée en matière d'état des personnes. Thèse, 1893.

Cabouat. — Examen critique du projet de réforme de la séparation de corps adopté par le Sénat (20 janvier 1887).

— Explication théorique et pratique de la loi du 6 février 1893, portant modification du régime de la séparation de corps.

Carpentier. — Traité théorique et pratique du divorce. Commentaire des lois des 27 juillet 1884 et 18 avril 1886. Nouveau tirage, 1894, 2 volumes.

Carpentier et Frèrejouan du Saint. — Répertoire général alphabétique du Droit français (1888). V. Cassation, t. IX, 1892. V. Demande nouvelle, t. XVI, 1897. V. Divorce et séparation de corps, t. XVII, 1899.

Centuer. — Le Divorce et la séparation de corps en Droit international privé, spécialement au point de vue du Droit français. Thèse, 1893.

Circulaire du Parquet de la Seine, 25 juillet 1887.

Coin-Delisle. — La séparation de biens rétroagit-elle au jour de la demande ? *Revue critique*, t. VIII (1re éd. 1856), pages 18-31.

Colmet de Santerre. — Cours analytique du Code civil par Demante, continué par E. Colmet de Santerre, t. I, 3e édition, 1895, t. VI, 2e édition (1883), t. IX, 2e édition.

Coste. — Point de départ des différents effets du Divorce. Thèse, 1889.

Coulon, Faivre et Jacob. — Manuel formulaire du Divorce. Loi de 1884.

Dalloz. — Répertoire alphabétique, V. Séparation de corps.

Fenet. — Recueil complet des travaux préparatoires du Code civil. V. Divorce et séparation de corps.

Frémont. — Traité pratique du divorce et de la séparation de corps.

Fuzier-Hermann. — Code civil annoté.

Garsonnet. — Traité théorique et pratique de procédure, t. VII, 1897.

Goirand. — Traité pratique du divorce.

Guillouard. — Traité du contrat de mariage, t. I, 3e édition, 1894.

Hitier. — Le développement de la jurisprudence en matière de divorce depuis 1844, brochure extraite des *Annales de l'Enseignement supérieur de Grenoble* (1894-1895).

Huc. — Commentaire théorique et pratique du Code civil, t. II.

Labbé. — Notes dans Sirey et notamment 1894-1-5.

Lapasset. — Droits héréditaires du conjoint survivant. Thèse, 1892.

Le Senne. — Traité de la séparation de corps.

Letellier. — Rapport fait au nom de la Commission chargée d'examiner le projet de loi adopté par le Sénat relatif à la procédure en matière de divorce et de séparation de corps, n° 577, 4e législature, session de 1886.

Margat. — Etude sur la loi du 6 février 1893 portant modification au régime de la séparation de corps. Thèse, 1894.

Massigli. — Examen doctrinal de la jurisprudence civile. *Revue critique de législation et de jurisprudence*, 1884, p. 244 et 246, 1885, p. 214, 215, 216, 1888, p. 650.

Massol. — De la séparation de corps, 2e édition, 1875.

Mourlon. — Répétitions écrites sur le Code civil, 13e édition, revue et mise au courant par Ch. Demangeat, 1896, t. I.

Piou. — Rapport fait au nom de la Commission chargée d'examiner la proposition de loi adoptée par le Sénat ayant pour objet de modifier les droits de l'époux sur la succession de son conjoint prédécédé, n° 565, 4e législature, session de 1886.

Planiol. — Examen doctrinal de la jurisprudence civile. *Revue critique de législation et de jurisprudence*, t. XVI, décembre 1887, p. 639, t. XVIII, 1889, p. 558, t. XIX, 1890, p. 321.

Recueils périodiques d'arrêts. — (Nous nous sommes servi indistinctement des recueils de Dalloz, de Sirey, des *Pandectes françaises* et de la *Gazette du Palais.*)

Regnault. — Etude critique de la jurisprudence relative à la représentation de valeurs dotales par des paraphernaux,

— Essai sur la persistance de l'insaisissabilité dotale au cas de transformation de la dot après la dissolution du mariage.

Sarraud. — Commentaire de la loi du 6 février 1893 sur la séparation de corps.

Sirey. — Lois annotées, 1886, p. 50.

Soulié. — De la date de la dissolution du mariage par le divorce. *Revue critique de législation et de jurisprudence*, t. XXIV, avril 1895, p. 252.

Stouff. — Effets de la séparation de biens judiciaire sous les divers régimes matrimoniaux. Extrait de la *Revue critique de la législation et de la jurisprudence.*

Thaller. — Si les bénéfices de commerce sont ou ne sont pas des fruits. *Annales de Droit commercial français, étranger et international*, juin 1896, p. 194.

— Séparation de biens et effets personnels de la femme dans la faillite. *Ibid.*, octobre 1896, p. 362.

Tissier. — *Revue critique de législation et de jurisprudence*, t. XXV, p. 609 et 617.

Valabrègue. — Réconciliation, son effet sur la résiliation des donations. *Revue critique de législation et de jurisprudence*, t. XVII, 1888, p. 148.

Vraye et Gode. — Le divorce et la séparation de corps, 1887, 2e éd. 2 vol. in-8.

Wahl. — Notes dans Sirey.

DU MOMENT AUQUEL SE PRODUISENT

LES

DIFFÉRENTS EFFETS DE LA SÉPARATION DE CORPS

INTRODUCTION

1. La séparation de corps est un acte qui fait cesser entre deux époux l'obligation de vivre en commun, en laissant subsister les autres obligations résultant du mariage (1).

Ainsi que l'a écrit M. Beudant : « C'est un divorce mitigé, dans la mesure où il est compatible avec le maintien du mariage, à l'usage de ceux qui répugnent au divorce proprement dit, ou qui ne veulent pas arriver de suite à cette extrémité. Elle ne dissout pas le mariage ; elle rompt seulement l'unité du foyer ; c'est l'état de deux époux relevés par décision judiciaire du devoir de cohabitation (2). »

2. Cette séparation de corps, que nos anciens auteurs appelaient *divortium a toro et mensa* ou *quoad habitationem*, était le seul remède admis, pour mettre fin aux scan-

(1) Colmet de Santerre, *Cours analytique de droit civil*, 3e édition, t. I, n° 379, p. 541. M. Colmet de Santerre fait remarquer qu'on emploie aussi l'expression séparation de corps, pour désigner l'état de deux époux entre lesquels a cessé d'exister l'obligation de vivre en commun.

(2) Beudant, *Cours de droit civil*, t. II, n° 135, p. 87.

dales des unions mal assorties, par l'ancien droit français où elle avait été introduite sous l'influence des idées religieuses (1).

Le principe de l'indissolubilité absolue du mariage, admis en France dès le XIIe siècle et d'une manière définitive au XVIe siècle après le Concile de Trente (2), avait fait prohiber en effet le *divortium quoad vinculum*, comme contraire au but du mariage qui, de sa nature, est l'union pour la vie, le *consortium omnis vitae* (3), ainsi qu'aux prescriptions de la loi divine qui, considérant le mariage comme un sacrement, ne pouvait en admettre la dissolution par la volonté de l'homme (4).

Mais la morale religieuse la plus pure n'a jamais pu empêcher les mauvais ménages, et, ainsi que l'a dit Treilhard au Corps législatif (5), « il est reconnu que la loi doit offrir à des époux outragés, maltraités, en péril de leurs jours, des moyens de mettre à couvert leur honneur et leur vie ».

Dans ce but, la jurisprudence ecclésiastique introduisit ce *nouveau divorce* (6), qui, tout en maintenant le lien du mariage et en rendant ainsi impossible une nouvelle union, supprimait le devoir de cohabitation, dispensait les époux de la vie commune et permettait d'interrompre la société conjugale, tout en conservant la faculté de se rapprocher lorsque les causes qui auraient motivé leur désunion auraient perdu leur empire (7). On séparait de

(1) Franck, *Philosophie du droit civil*, p. 67.
(2) Beudant, t. II, n° 378, p. 4.
(3) Beudant, t. I, n° 360, p. 493.
(4) *Quod ergo Deus conjunxit homo non separet*, St Marc, X, 9. St Mathieu, XIX, 6.
(5) Séance du 19 ventôse an XI. Exposé des motifs présenté au Corps législatif. Fenet, t. IX, p. 472.
(6) Viollet, *Histoire du droit français*, p. 146.
(7) Massol, *Traité de la séparation de corps*, n° 3, p. 8 et 9.

fait seulement ce qui restait pourtant réellement uni et inséparable (1).

La religion chrétienne, qui avait fait de la femme l'égale de l'homme dans le mariage (2), assurait ainsi à l'épouse malheureuse, à qui les excès ou les désordres de son conjoint rendaient la vie commune insupportable (3), la sécurité et le repos.

Quant au mari dont la femme s'était rendue coupable d'adultère, « il poursuivait l'épouse coupable au criminel et la faisait condamner à une réclusion perpétuelle ; ce qui produisait une séparation de fait, dont les effets étaient les mêmes que ceux de la séparation judiciaire et directe : la tranquillité du mari était au surplus assurée ; de plus, il lui était permis de reprendre sa femme s'il la croyait revenue aux principes de l'honneur et à ses devoirs (4) ».

Dans le dernier état de l'ancien droit, les effets de cette situation pourraient être ainsi résumés : « La séparation de corps relâche le lien du mariage, mais ne le rompt pas ; les époux continuent de demeurer unis ; la femme conserve le nom de son mari et reste sous sa surveillance, si elle manque à l'honneur, il a contre elle l'action en adultère. Enfin la séparation a cet avantage, que la réconciliation des époux est toujours possible (5). » Ajoutons que la séparation d'habitation emporte toujours avec elle la séparation de biens et qu'il en est de même du jugement qui, sur la plainte du mari, déclare la femme convaincue

(1) Guyot, *Répertoire de jurisprudence,* 1785, v° *Séparation de corps,* t. XVI, p. 225.

(2) « La stabilité du mariage, a dit le tribun Savoie Rollin, a tiré les femmes de l'humiliation et de la servitude. » *Rapport au Tribunat,* Fenet, t. IX, p. 495 et 496.

(3) Colmet de Santerre, t. 1, 3e édition, n° 317, p. 475.

(4) Tronchet au Conseil d'État. Séance du 26 vendémiaire an X. Fenet, t. IX, p. 331 et 332.

(5) Portalis au Conseil d'État. Séance du 26 vendémiaire an X. Fenet, t. IX, p. 329.

d'adultère (1) ; ce point n'est plus douteux dans le dernier état de l'ancien droit. A l'origine, au contraire, la séparation d'habitation ne donnait à la femme qui l'avait obtenue, que le droit de demander une soutenance c'est-à-dire une pension alimentaire.

3. Cette coutume fut supprimée par le droit intermédiaire au nom de la liberté individuelle.

La Constitution du 3 septembre 1791 déclara, dans l'article 7 du titre II, que : « La loi ne considère le mariage que comme contrat civil », et que l'état civil serait sécularisé.

Dès lors la loi civile, se trouvant séparée de la loi religieuse, le contrat civil distinct du sacrement, les registres de l'état civil remis à des officiers publics, l'indissolubilité canonique devait disparaître de la loi civile puisqu'elle n'est fondée que sur le vœu de la religion catholique (2).

Par décret des 20-25 septembre 1792, l'Assemblée nationale, « considérant combien il importe de faire jouir les Français de la faculté du divorce, qui résulte de la liberté individuelle dont un engagement indissoluble serait la perte ; considérant que déjà plusieurs époux n'avaient pas attendu, pour jouir des avantages de la disposition constitutionnelle, suivant laquelle le mariage n'est qu'un contrat civil, que la loi eût réglé le mode et les effets du divorce », décidait que : « le mariage se dissout par le divorce » (art. 1er).

L'Assemblée nationale alla même plus loin. Après les observations d'Aubert du Bayet qui affirmait que, dès que le divorce serait permis, les nœuds du mariage seraient plus étroits et que le divorce serait très rare, considérant d'ailleurs que la séparation présente tous les inconvénients

(1) Pothier, *Traité de la communauté*, nos 506 et 507.

(2) Les religions protestante, israélite et grecque admettent le divorce.

du divorce puisqu'elle brise comme lui la vie commune sans en avoir les avantages puisque les époux restent liés, l'Assemblée décréta : « à l'avenir, aucune séparation de corps ne pourra être prononcée ; les époux ne pourront être désunis que par le divorce » (art. 7).

L'assimilation du mariage aux autres contrats civils était peut-être excessive ; on peut objecter en effet que les sociétés ordinaires n'intéressent que les contractants tandis que le mariage intéresse la société tout entière. En faisant du divorce le corrélatif du mariage et en appliquant sans restrictions la règle : *nihil tam naturale quam eo modo dissolvi quo contrahuntur*, le législateur était allé un peu trop loin. L'épreuve d'ailleurs n'en fut pas heureuse.

4. Le Code civil vint corriger ce qu'avait d'excessif la loi de 1792.

Les rédacteurs du Code firent remarquer que le mariage est un contrat dont la stabilité intéresse la société tout entière puisqu'il est la base de la famille et par conséquent que les causes de dissolution doivent en être strictement limitées : le divorce fut donc admis, mais seulement pour des causes déterminées ou par consentement mutuel, mais dans ce cas, après certaines formalités.

D'autre part n'admettre que le divorce, c'était méconnaître le droit des catholiques puisque le dogme qu'ils professent ne leur permet pas d'y recourir (1). Or « le véritable motif qui oblige les lois civiles d'admettre le divorce, dit Portalis, c'est la liberté des cultes. Il est des cultes qui autorisent le divorce, il en est qui le prohibent : la loi doit donc le permettre afin que ceux dont la croyance l'autorise puissent en user (2). » Ce motif n'est-il pas l'argument le plus décisif pour le maintien de la séparation de corps dans notre législation ? Il est évident en effet que, si la liberté

(1) Beudant, t. II, n° 381, p. 11.
(2) Fenet, t. IX p. 251.

des cultes exige le maintien du divorce au profit des protestants et des israélites, la liberté des cultes exige aussi le maintien de la séparation de corps au profit des catholiques (1).

Devant l'obligation de respecter la liberté de conscience, tous les arguments que l'on peut invoquer contre la séparation de corps furent sans effet.

On fit remarquer que l'union des personnes, cette communauté de la vie qui forme essentiellement le mariage, n'existe plus (2) ; qu'il n'y a plus de famille ni de mariage quand il y a séparation de corps (3).

Treilhard, dans son exposé des motifs, montrait que le divorce est assurément préférable à la séparation :

« Quel est donc l'effet de cette conservation apparente du lien conjugal dans les séparations, et pourquoi retenir encore le nom avec tant de soin, lorsqu'il est évident que la chose n'existe plus ! Le vœu principal du mariage n'est-il pas trompé ? N'est-il pas vrai que l'époux n'a réellement plus de femme, que la femme n'a plus de mari ? Quel est donc, encore une fois, l'effet de la conservation du lien (4). »

Tous ces arguments étaient peut-être de nature à faire désirer une réforme dans le dogme, mais ne faisaient que montrer d'une manière plus apparente la nécessité de rétablir la séparation de corps dans notre législation, comme divorce des catholiques (5), parce que, seule, elle respectait la promesse d'indissolubilité du mariage.

(1) Voir Fenet, t. IX, p. 300. Séance du 24 vendémiaire an X ; Fenet, t. IX, p. 476 et 477 : Exposé des motifs présenté par Treilhard au Corps législatif ; Fenet, t. IX, p. 499 : Rapport fait au Tribunat par M. Savoie Rollin.

(2) Fenet, t. IX, p. 472.

(3) Fenet, t. IX, p. 290 note.

(4) Exposé des motifs présenté au Corps législatif ; Fenet, t. IX, p. 472 et 473.

(5) Locré, *Législation civile*, t. V, p. 10.

Le Code civil décida donc que « dans le cas où il y a lieu à la demande en divorce pour cause déterminée, il serait libre aux époux de former une demande en séparation de corps » (art. 306, C. civ.). La séparation par consentement mutuel fut seule prohibée (art. 307 ancien, C. civ.).

Mais, « comme s'il eût fait cette concession à regret, le législateur de 1804 réglementa la séparation de corps avec une brièveté toute voisine de l'obscurité (1) ».

Le Code civil, en effet, ne consacrait à la séparation de corps que quelques articles (art. 306 à 311), en appendice pour ainsi dire au titre du divorce. Un seul, l'article 311, s'occupe des effets de la séparation de corps en édictant qu'elle emporte toujours séparation de biens. « Il est certain cependant, dit M. Beudant, que la séparation de corps produit d'autres effets, ne fût-ce que celui qui lui est inhérent par nature et résulte du nom qu'elle porte ; elle met fin au devoir de cohabitation (2). » Mais sur tous les effets concernant la personne et les biens, le Code civil restait muet (3).

5. Ce laconisme de la loi eut pour conséquence de soulever des difficultés, non seulement sur le point de savoir comment il fallait suppléer aux lacunes de la loi, mais aussi comment on devait interpréter la seule disposition qui réglât les effets de la séparation de corps, l'article 311.

Pour suppléer aux lacunes de la loi, la jurisprudence n'hésita pas : partant de l'idée que la séparation de corps avait été admise pour ne point blesser les croyances de ceux dont la religion condamne le divorce et était consi-

(1) Baudry-Lacantinerie, *Précis de droit civil*, 6e édition, t. I, p. 377.

(2) Beudant, t. II, n° 446, p. 97.

(3) L'article 306 du Code civil, qui renvoyait aux articles 229 à 232, ne visait que les causes de séparation. Quelques effets secondaires étaient seuls prévus dans divers articles du Code civil : art. 1463 (renonciation à communauté) ; 1518 (préciput) ; 1561 (prescription).

dérée comme le divorce des catholiques (1), elle emprunta à la législation du divorce les dispositions qui lui étaient nécessaires pour régler les difficultés relatives à la séparation de corps et elle déclara applicables « toutes les dispositions dont l'application à cette dernière matière n'est pas en opposition avec la nature même de la séparation de corps, avec une disposition expresse ou implicite de la loi ou avec les principes généraux du droit » (2). Toute incertitude n'était pas cependant écartée, dit Beudant, car il restait à faire le départ, parmi les effets du divorce, entre ceux qui se rattachent et ceux qui ne se rattachent pas à l'idée de la dissolution du mariage (3).

La même incertitude se retrouve encore dans l'interprétation de l'article 311 du Code civil. La disposition de cet article était fort nette, mais peu explicite et l'incertitude commença dès qu'il y eut lieu de déterminer les conditions d'exercice et les effets de la séparation de biens accessoire à la séparation de corps : une controverse très vive s'éleva notamment sur l'étendue d'application de l'article 1445 aux termes duquel le jugement de séparation rétroagit, quant à ses effets, au jour de la demande. La rétroactivité édictée par cet article devait-elle être appliquée à la séparation de biens accessoire à la séparation de corps ? Sur ce point, la jurisprudence fut plus hésitante et ce n'est qu'après de nombreuses fluctuations qu'elle parvint à établir une règle en vertu de laquelle les effets de la séparation de biens accessoire seraient rétroactifs entre les époux et non à l'égard des tiers. C'est l'examen de cette controverse et la détermination de la portée et des conséquences de cette dernière règle qui font l'objet de notre étude : nous indiquerons ailleurs le plan et

(1) Voir la discussion dans Locré, *Législation civile*, t. V, p. 10.
(2) Aubry et Rau.
(3) Beudant, t. II, n° 446, p. 97.

le but de notre travail. Ici, nous nous bornons à signaler la double incertitude qui résultait du laconisme de la loi, depuis la rédaction du Code, quant à la détermination des effets de la séparation et quant au point de départ de ces divers effets.

6. La loi du 8 mai 1816 qui abolit le divorce ne fit qu'augmenter les difficultés. Après avoir déclaré, en effet, dans son article 1er que « le divorce est aboli » (1), la loi de 1816 ajoutait simplement dans son article 2 : « Toutes les demandes et instances en divorce pour causes déterminées sont converties en demandes et instances en séparation de corps ; les jugements et arrêts restés sans exécution par le défaut de prononciation du divorce par l'officier civil, conformément aux articles 227, 264, 265 et 266 du Code civil, sont restreints aux effets de la séparation. »

Comme conséquence pratique, il paraît certain, et c'est l'opinion de certains auteurs, que la loi du 8 mai 1816 avait abrogé virtuellement toutes les dispositions de la loi, se référant au divorce soit dans le Code civil, notamment les articles 229 et suivants, soit dans le Code de procédure ou dans des lois spéciales.

Mais il est difficile de donner une portée aussi large à la loi de 1816. Il est évident en effet que le chapitre V du titre 6 du livre I du Code civil, ne se suffit pas à lui-même ; en outre la procédure de la séparation de corps n'est réglée que par les articles 875 à 880 du Code de procédure civile, qui ne suffisent pas non plus. Cette insuffisance des dispositions relatives à la séparation de corps avait été re-

(1) La charte du 4 juin 1814 (art. 6) avait déclaré religion d'État la religion catholique, apostolique et romaine. Voir Duguit et Monnier, *Les Constitutions de la France*, p. 185. La loi civile qui permettait le divorce était donc en opposition avec la loi religieuse de l'État, et c'est à la loi civile à céder, disait M. de Trinquelague dans son rapport à la Chambre des députés, 19 février 1816. Voir Carpentier, *Traité du divorce*, t. I, p. 15.

connue par les auteurs de la loi du 16 mai 1816 qui soumirent, le 7 décembre 1816, à la Chambre des pairs, un projet complet de réglementation ; cette tentative resta sans résultat (1). En attendant cette réforme qui ne vint pas, en présence du laconisme de la loi, on fut obligé, dans la pratique, de recourir sur bien des points aux dispositions du Code civil concernant le divorce, bien que le divorce eût été aboli. C'est pour ce motif d'utilité pratique que les articles 229 et suivants du Code civil furent conservés dans la 3e édition du Code, édition qui est du 30 août 1816 (2), par conséquent postérieure à la loi du 8 mai 1816. On en conclut que, la loi de 1816 abrogeant le divorce, les quatre premiers chapitres du titre 6e du livre I du Code civil étaient abrogés comme législation spéciale du divorce, mais qu'ils devaient subsister comme complément nécessaire à la trop brève législation de la séparation de corps. Ainsi que le constatait M. Léon Renault, rapporteur de la loi de 1884 : « c'est une institution détruite qui a continué à fournir des règles pour l'application d'une disposition devenue non seulement principale, mais unique » (3). Cette application de dispositions virtuellement abrogées laissait d'ailleurs subsister la difficulté incessante que présentait l'interprétation du chapitre V (articles 306 à 311) et qui est précisément de savoir quels articles des quatre premiers chapitres sont spéciaux au divorce, quels articles sont applicables en cas de séparation ; elle laissait aussi subsister la difficulté d'interprétation des articles 311 et 1445 du Code civil.

7. Les textes demeurèrent en cet état jusqu'à la loi du 27 juillet 1884 (4) qui rétablit le divorce et rendit la vie

(1) Voir Beudant, t. I, nº 104, p. 109.
(2) C'est celle dont nous nous servons actuellement depuis 1870.
(3) Cf. Margat, *Étude sur la loi du 6 février* 1893, p. 13.
(4) De 1816 à 1884, on ne peut citer en effet que la loi du 6 décembre

aux dispositions tant du Code civil que du Code de procédure et des lois spéciales qui y étaient relatives (1).

Mais les controverses subsistèrent identiques dans notre matière. Si les règles concernant le divorce sont rétablies et permettent désormais des emprunts à une législation en vigueur, rien dans la loi ne précisait les effets de la séparation de corps ni les emprunts qui devaient être faits à la législation du divorce.

Les difficultés pratiques que soulevait le laconisme de la loi rendaient nécessaire une réglementation plus précise. Cette réglementation a été faite en partie : une série de lois a fixé quelques-uns des plus importants parmi les effets de la séparation de corps. Après la loi du 6 décembre 1850 qui règle le désaveu de l'enfant né d'une femme en instance de séparation de corps (art. 313, C. civ.), la loi du 18 avril 1886 décide que les articles 236 à 244 relatifs au divorce seront applicables à la séparation de corps (art. 307), ce qui est surtout intéressant pour les mesures provisoires relatives à la personne des époux ou des enfants (art. 240 et 241), les mesures conservatoires (art. 242), les obligations contractées par le mari (art. 243) ;

1850 qui ajoutait à l'article 313 du Code civil la disposition suivante : « En cas de jugement ou même de demande soit de divorce, soit de séparation de corps, le mari peut désavouer l'enfant né trois cents jours après la décision qui a autorisé la femme à avoir un domicile séparé et moins de cent quatre-vingts jours depuis le rejet définitif de la demande ou depuis la réconciliation. — L'action en désaveu n'est pas admise s'il y a eu réunion de fait entre les époux. »

(1) Beudant, t. II, n° 382, p. 14.

M. Beudant fait remarquer que « la loi de 1884, plus encore que le Code civil, laisse intacte l'idée de la perpétuité du mariage ; elle a tenu à le marquer. Elle n'admet le divorce qu'exceptionnellement et elle avise, par tous les moyens à sa disposition, à éviter qu'on n'en abuse. Son système n'est plus ni celui de 1792 ni celui de 1804 ; il se réduit à deux idées que voici : elle a entendu consacrer explicitement l'idée de la perpétuité du lien conjugal, elle n'a rétabli le divorce que comme remède exceptionnel à des situations également exceptionnelles. » Beudant, t. II, n° 383, p. 16.

la loi du 9 mars 1891 règle le droit du conjoint survivant en cas de séparation de corps (art. 767) ; la loi du 6 février 1893 fixe les effets de la séparation sur le nom des époux (art. 299), le domicile de la femme séparée (art. 108), la capacité de la femme séparée (art. 311) ; la loi du 25 juin 1896 enfin détermine l'effet de la séparation sur l'efficacité des autorisations du mariage des enfants (art. 152). Donc, en ce qui concerne les effets, les nombreuses règles très nettes introduites par les lois nouvelles diminuent beaucoup l'importance de la controverse que nous avons signalée.

En ce qui concerne la rétroactivité des effets de la séparation de corps, la controverse subsiste ; elle ne porte plus sur l'existence même de la rétroactivité, mais sur la portée de la disposition qui l'admet. Nous avons vu que la controverse avait été soulevée à l'occasion de l'article 311 du Code civil, qui décide formellement, mais très brièvement, que la séparation de corps emporte séparation de biens, et de l'article 1445 du Code civil, qui décide que le jugement de séparation de biens rétroagit au jour de la demande.

Actuellement le principe de la rétroactivité n'est plus douteux : la loi du 18 avril 1886 décide formellement que : « le jugement de divorce dûment transcrit remonte, quant à ses effets entre époux, au jour de la demande » (art. 252, C. civ.), et, dans les travaux préparatoires, nous constatons que le législateur de 1886 a eu pour unique but de consacrer législativement la règle que la jurisprudence avait établie relativement à la séparation de corps (1) et

(1) M. Labiche justifiait ainsi cette disposition : « Si, comme cela est maintenant admis, les règles de procédure édictées par le Code civil en matière de divorce sont aujourd'hui d'une application très difficile, s'il convient de les simplifier, il ne serait guère rationnel que le législateur maintînt la nécessité d'y recourir pour compléter la réglementation insuffisante des articles 875 à 880, de la procédure de séparation. Il est plus

d'après laquelle la disposition de l'article 1445 devait s'appliquer à la séparation de biens accessoire à une séparation de corps, mais seulement dans les rapports entre époux et non dans les rapports à l'égard des tiers.

Mais, le principe de la rétroactivité ainsi consacré par la loi, la portée de cette disposition n'en reste pas moins indécise. La loi paraît écarter nettement toute rétroactivité à l'égard des tiers ; or, même en ne considérant que les rapports entre époux, il ne faut pas oublier que la séparation de corps produit des effets sur les biens et sur la personne des époux et des enfants ; par suite il y a lieu de se demander si la rétroactivité s'applique aux rapports de famille (parenté, filiation, puissance paternelle, etc.), et, sans distinction, à tous les droits pécuniaires (succession, contrat de mariage, etc.). C'est ce que nous allons rechercher dans notre étude.

8. Nous diviserons notre étude en deux parties :

Dans la première, nous étudierons les principes généraux, l'évolution de la jurisprudence, les règles fixées par elle et consacrées par le législateur de 1886, enfin nous indiquerons les principes qui doivent spécialement régir le point de départ des effets de la séparation de corps, soit relativement à la personne des époux et des enfants, soit relativement aux biens.

Dans la deuxième, nous étudierons les applications de

logique de généraliser la réforme sur tous les points où il y a utilité à le faire.

La commission a donc adopté sans hésitation la proposition du gouvernement. Il suffit de lire les dispositions des articles 236 à 244 de notre nouvelle rédaction, pour reconnaître que leur application se justifie aussi bien en matière de séparation de corps qu'en matière de divorce. L'extension de la réforme peut être réalisée par l'insertion, dans l'article 307 du Code civil, d'une disposition rendant les nouveaux articles 236 à 244 applicables à la séparation de corps. » Sénat, second rapport de M. E. Labiche, *Sirey*, *Lois annotées*, p. 58.

ces principes, en ce qui concerne la condition de la personne des époux et des enfants, puis les intérêts pécuniaires considérés d'abord en dehors du contrat de mariage, ensuite eu égard au régime matrimonial adopté.

PREMIÈRE PARTIE

PRINCIPES SUIVANT LESQUELS EST DÉTERMINÉ LE MOMENT OU SE PRODUISENT LES DIFFÉRENTS EFFETS DE LA SÉPARATION DE CORPS.

9. Dans cette première partie nous voulons indiquer les principes généraux suivant lesquels est déterminé le moment où se produisent les effets des jugements ; nous chercherons ensuite les principes qui doivent spécialement régir le jugement de séparation de corps, soit relativement à la personne des époux et des enfants, soit relativement aux biens.

Nous diviserons cette première partie en cinq chapitres :

Chapitre I. — Quel est en principe le moment où se produisent les effets des jugements ?

Chapitre II. — Quel est le moment où se produisent les effets du jugement de séparation de corps ?

Chapitre III. — Que faut-il entendre par jour de la demande ?

Chapitre IV. — A quel moment le jugement de séparation de corps est-il considéré comme passé en force de chose jugée ?

Chapitre V. — Quels sont les tiers à l'égard desquels le jugement de séparation de corps ne peut rétroagir ?

CHAPITRE PREMIER

QUEL EST, EN PRINCIPE, LE POINT DE DÉPART DES EFFETS DES JUGEMENTS ?

10. Tout jugement définitif (1) produit, en principe, deux effets principaux :

1° Il termine la contestation entre les parties en cause, c'est-à-dire qu'il dessaisit le juge et que l'autorité de la chose jugée qui lui est attachée empêche de recommencer le procès sur les mêmes bases ;

2° Il donne au gagnant le droit de faire exécuter par la force ce qui a été décidé par le tribunal, et, pour mieux garantir cette exécution, il emporte hypothèque judiciaire (2).

11. A quel moment se produisent ces divers effets ?

Il est évident que le dessaisissement du juge, l'autorité de la chose jugée, l'hypothèque judiciaire sont des effets inhérents au jugement qui ne naissent que par lui et qui, par conséquent, ne peuvent dater que du jour (3) de la sentence.

(1) Nous opposons ici les jugements définitifs qui terminent un procès, sauf les voies de recours dont ils restent susceptibles, aux jugements avant dire droit.

(2) Dall., *Suppl. au Rép. alph.*, v° *Jugement*, n°s 351 et suiv. ; Voy. Garsonnet, *Cours de procédure*, § 460, t. III, p. 216 et suiv.

(3) C'est du jour du jugement que les jugements produisent ces effets ; il n'y a pas à tenir compte de l'heure. « C'est un principe général dans notre législation que l'on ne tient pas compte de l'heure des actes, mais seulement du jour où ils ont été faits : la minute ne doit pas faire connaître autre chose. Le jugement produit donc ses effets dès la première heure du jour où il a été prononcé. » Caen, 31 mars 1879, Dalloz, *Rép. alph.*, v° *Jugement*, n° 344.

Mais, quant à la décision sur le fond, les jugements produisent leurs effets à des époques différentes suivant qu'ils sont *déclaratifs* ou *attributifs*.

12. Les jugements déclaratifs sont ceux qui déclarent des droits préexistants, qui prononcent, par exemple, entre deux personnes que l'une d'elles est propriétaire ou que l'autre est débitrice ; ils constatent l'existence du droit du demandeur au jour de la demande.

Par suite, ces jugements déclaratifs remontent, quant à leurs effets, au jour de la demande : le demandeur est traité comme s'il avait eu gain de cause le jour même où il l'a formée (1) ; il est juste en effet de faire au demandeur une situation aussi favorable que si le défendeur avait cédé à la demande au lieu d'y résister injustement.

On exprime ce résultat en disant que ces jugements sont rétroactifs.

Il y a exception à ce principe quand les jugements, quoique déclaratifs, sont relatifs au paiement d'une pension alimentaire : les juges peuvent déterminer l'époque à partir de laquelle la pension sera due, et cette époque ne sera pas le jour de la demande lorsqu'il n'est pas démontré que la pension alimentaire fût nécessaire lors de l'introduction de la demande (2).

13. Il est utile de remarquer que, si la rétroactivité des jugements déclaratifs est absolue à l'égard des jugements en cause, elle reçoit une atténuation assez grande dans l'intérêt des tiers.

C'est ainsi que, aux termes de l'article 958 du Code civil : « la révocation pour cause d'ingratitude ne préjudicie ni aux aliénations faites par le donataire, ni aux hypothèques et autres charges réelles qu'il aura pu imposer

(1) Garsonnet, § CCLVII, t. II, p. 262 et 263.

(2) Bordeaux, 14 décembre 1841, P. 1842.1.340. Voyez Carpentier, *Rép. alph.*, v° *Jugement*, n° 2976 et V° *Aliments*, n° 242.

sur l'objet de la donation, pourvu que le tout soit antérieur à l'inscription qui aurait été faite de l'extrait de la demande en révocation en marge de la transcription prescrite par l'article 939 du Code civil ».

De même, en vertu de l'article 717 du Code de procédure civile : « L'adjudicataire d'un immeuble vendu en justice ne peut être troublé dans sa propriété par aucune demande en résolution fondée sur le défaut de paiement du prix des anciennes aliénations, à moins qu'avant l'adjudication la demande n'ait été notifiée au greffe du tribunal où se poursuit la vente. »

14. Les jugements attributifs ou créateurs de droits sont ceux qui créent une situation nouvelle, par exemple lorsqu'ils accordent le divorce, la séparation de corps ou de biens, l'interdiction ou la nomination d'un conseil judiciaire.

Ces jugements, constituant un nouvel état de choses, ne rétroagissent pas, et les situations par eux créées ne datent que du jour où ils ont été prononcés.

M. Garsonnet avait proposé un instant une solution contraire : « Si le jugement crée une situation nouvelle, disait-il, il doit rétroagir, comme les autres, afin que les lenteurs nécessaires de la justice ne nuisent pas au demandeur (1). »

Sans doute cette solution n'aurait rien de trop rigoureux pour le défendeur qui, averti de la demande par un exploit libellé, a dû s'interroger sur la bonté de sa cause et doit supporter, s'il succombe, les conséquences de son injuste résistance (2).

Mais l'opinion contraire est plus conforme : 1° à la nature des choses ;

2° A l'article 502 du Code civil, aux termes duquel l'in-

(1) Garsonnet, § CCLVII, t. II, p. 263.
(2) Tardif, n° 330.

terdiction et la nomination d'un conseil judiciaire n'ont d'effet que du jour du jugement ;

3° Aux droits des tiers à l'encontre desquels cette rétroactivité ne pourrait se produire sans injustice alors qu'ils ignorent la demande et n'ont aucun moyen de la connaître.

Il faut donc décider que les jugements attributifs ne sauraient rétroagir (1).

15. A ce principe de la non-rétroactivité des jugements attributifs, nous ne trouvons dans le Code de 1804 qu'une seule exception, prévue par l'article 144 § 2 du Code civil et relative à la séparation de biens.

Aux termes de l'article 1445 du Code civil, en effet : « Le jugement qui prononce la séparation de biens remonte, quant à ses effets, au jour de la demande. »

16. Cette disposition est une mesure particulière de défiance à l'égard du mari pour soustraire sans retard la communauté à sa mauvaise administration.

Les explications de Pothier à ce sujet ne laissent aucun doute sur les intentions du législateur à cet égard.

Sans doute, ainsi que le fait remarquer Pothier : « dans les sociétés ordinaires, la société est censée dissoute du jour de la demande en dissolution de société » ; mais, s'il en est ainsi : « c'est que dans les sociétés ordinaires, la demande que je donne contre mon associé, pour la dissolution de la société, est ou par elle-même suffisante pour la dissoudre,ou du moins elle met mon associé en demeure de la dissoudre : or je ne dois pas souffrir de la demeure injuste en laquelle a été mon associé d'acquiescer à une demande juste que je lui faisais et qui a été trouvée telle par la sentence qui y a fait droit, et il doit encore moins en profiter ».

(1) M. Garsonnet s'est, du reste, rallié à cette opinion, § 460, t. III, p. 216 et 217.

Mais il y a une différence à cet égard entre les sociétés ordinaires et la communauté entre homme et femme : « La communauté qui est entre un mari et une femme, au contraire, ne pouvant se dissoudre que par la sentence du juge ; n'étant pas au pouvoir du mari d'acquiescer à la demande en séparation qui est donnée contre lui ; il paraîtrait que la communauté dût subsister jusqu'à la sentence et qu'on ne pût pas même dire que le mari soit, par la demande, mis en demeure de la dissoudre (1). »

Malgré ces raisons, l'usage du Châtelet de Paris était de donner aux sentences de séparation de biens un effet rétroactif au jour de la demande en séparation.

« La raison de cet usage, ajoute Pothier, est qu'étant établi par la sentence de séparation qui a fait droit sur la demande de la femme qu'elle a eu un juste sujet de demander la dissolution de la communauté, cette dissolution de communauté était une justice qui lui était due dès le jour qu'elle l'a demandée, dont l'effet ne doit pas être retardé par la procédure qu'il faut faire pour parvenir à la sentence de séparation que les chicanes du mari font souvent durer pendant un très long temps, avant que de parvenir à la sentence (2) ».

S'appuyant sur ces motifs, M. Baudry-Lacantinerie fait remarquer qu'il est fort équitable de donner à la sentence de séparation un effet rétroactif, en tant que ce dernier est nécessaire pour la partie qui a obtenu le jugement. « Sans doute, le nouvel état de choses date seulement du jugement ; mais il est bon qu'il remonte, autant que faire se peut, au début de l'instance, et que le mari doive, pour le temps qu'elle aura duré, des comptes plus rigoureux que dans le passé (3). »

(1) Pothier, *Traité de la communauté*, n° 521.

(2) Pothier, *Communauté*, n° 521.

(3) Baudry-Lacantinerie, Le Courtois et Surville, *Traité du droit civil, Du contrat de mariage*, II, n° 971, p. 155.

La disposition édictée par l'article 1445 du Code civil, 2e alinéa, constitue donc une exception qui se justifie par des motifs d'utilité pratique.

17. Certains auteurs ont voulu voir cependant dans cette disposition, une règle traditionnelle (1), l'application du droit commun.

Nous avons cité plus haut les arguments de M. Garsonnet (2), nous n'insisterons pas puisque M. Garsonnet a abandonné depuis sa première opinion. Mais, dans le même ordre d'idées, nous trouvons une dissertation (3) dans laquelle M. Labbé faisait remarquer que nous sommes ici en présence d'une application des règles du droit commun : « Puisque ce procès ne touche qu'aux intérêts pécuniaires des époux, il était naturel qu'il fût régi, réglementé comme les autres procès pécuniaires. Dans cet ordre de matières, même en général, sans qu'une publicité spéciale ait été donnée à la demande, le jugement rétroagit à la date de l'ajournement ; il est juste que les lenteurs du procès ne nuisent pas au demandeur ; le demandeur qui triomphe doit être après coup rétabli dans la situation où il serait s'il avait pu obtenir gain de cause dès le début du litige. C'est le droit commun, dérivé du droit romain : *Eam causam habeat actor quam habitum esset si cum primum ad exhibendum egisset, exhibita res fuisset* (4). C'est pourquoi l'article 1445 du Code civil, 2e alinéa, portait : « Le jugement qui prononce la séparation de biens remonte quant à ses effets au jour de la demande. »

Assurément, les considérations d'équité qu'invoquent ces deux auteurs sont bien, en partie tout au moins, les motifs qui ont décidé le législateur à donner un effet ré-

(1) Garsonnet, § CCLVII, t. II, p. 263.
(2) Voir plus haut, p. 18.
(3) Note sous Cass., 18 avril 1893, S. 1895.1.6.
(4) *Institutes*, Liv. IV, tit. 17, § 3.

troactif au jugement de séparation de biens, mais il est inexact de dire que la disposition de l'article 1445 constitue l'application du droit commun.

Ce qui montre le caractère exceptionnel de notre disposition, c'est, d'une part, le fait qu'une disposition législative expresse a été nécessaire pour faire produire au jugement de séparation de biens un effet rétroactif qui aurait résulté de plein droit, ainsi que fait remarquer Pothier, de la demande en dissolution d'une société ordinaire.

C'est, d'autre part, qu'il s'agit ici d'une rétroactivité bien restreinte, puisqu'elle ne remonte qu'au jour de la demande, tandis que, dans les affaires pécuniaires ordinaires, la rétroactivité de la sentence est telle que la situation déclarée et reconnue par le jugement est considérée comme ayant toujours existé.

Il n'est donc pas douteux que la disposition contenue dans l'article 1445 du Code civil, 2e alinéa, constitue une exception à la règle de la non-rétroactivité des jugements attributifs. Nous verrons plus loin l'intérêt pratique de cette question.

18. Quoiqu'exceptionnelle d'ailleurs, la rétroactivité édictée par l'article 1445 du Code civil, est opposable à tous, aux tiers comme aux époux.

Certains auteurs (1), s'appuyant sur ce que les jugements attributifs de droits pourraient, s'ils produisaient effet avant le jour où ils ont été rendus, porter préjudice à ceux qui auraient des droits acquis dans l'intervalle et qui n'auraient pu se prémunir contre les conséquences de ces jugements, avaient voulu restreindre la portée de l'article 1445 en décidant que la règle qui fait remonter les effets du jugement de séparation de biens au jour de

(1) Pigeau, *Procédure civile démontrée par les principes.*

la demande, ne concerne que les époux et ne peut être opposée aux tiers (1).

Mais les termes généraux de cette disposition ne permettent pas cette restriction.

Ainsi que l'a jugé la Cour de Bordeaux : « l'article 1445 du Code civil est aussi général qu'explicite dans ses termes ; il dispose d'une manière positive, que le jugement qui prononce la séparation de biens remonte, quant à ses effets, au jour de la demande ; la loi ne fait aucune distinction entre les époux et les étrangers quant aux effets de la séparation de biens, objet de sa prévoyance ; faire une distinction qui n'est pas dans la loi, c'est ajouter à la loi elle-même » (2).

On peut remarquer, en outre, que c'est après s'être occupé, dans une première disposition, de l'intérêt des tiers, en prescrivant les formalités nécessaires pour rendre les séparations publiques, que l'article 1445 ajoute immédiatement et comme une suite la seconde disposition par laquelle, comme s'il avait craint que l'on ne pensât que ces formalités retardent l'effet du jugement, le législateur dit : « Le jugement qui prononce la séparation de biens remonte, quant à ses effets, au jour de la demande. » De ces deux dispositions ainsi rapprochées dans le même article, il est donc impossible, en bonne logique, dit Toullier (3), de ne pas conclure que la seconde, énoncée d'ailleurs d'une manière si générale, s'applique aux tiers, de l'intérêt desquels s'est occupée la première, sans même parler de l'époux. C'en est assez pour faire voir que la distinction, imaginée par M. Pigeau (4), est contraire au texte de l'article 1445 (5).

(1) Riom, 31 janvier 1826, S. *chr.*

(2) C. Bordeaux, 11 mai 1843, S. 1843.2.542 ; C. Toulouse, 7 mars 1845, S. 1845.2.591 ; Cass. civ., 22 avril 1845, S. 1846.1.555.

(3) Toullier, *Droit civil*, t. XIII, n° 100.

(4) Voir plus haut.

(5) La même opinion est enseignée par MM. Aubry et Rau en termes à

Enfin, il faut bien le reconnaître, sans cette rétroactivité, il dépendrait souvent du mari de rendre absolument inefficace ou illusoire le remède de la séparation (1).

C'est pour ces motifs que la majorité des auteurs se sont ralliés à cette deuxième opinion ; l'opinion précédente peut être considérée comme abandonnée et l'on admet généralement, à l'heure actuelle, que l'effet rétroactif du jugement de séparation est opposable aux tiers comme aux époux (2).

19. La loi n'a pas d'ailleurs sacrifié l'intérêt des tiers avec lesquels les époux peuvent être en relations (3).

Aux termes des articles 866 à 868 du Code de procédure civile : « Le greffier du tribunal doit inscrire, sans délai, dans un tableau placé à cet effet dans l'auditoire, un extrait de la demande en séparation, lequel contiendra : 1° la date de la demande ; 2° les noms, prénoms, professions et demeure des époux ; 3° les nom et demeure de l'avoué constitué, qui sera tenu de remettre à cet effet, ledit extrait au greffier, dans les trois jours de la demande » (art. 866).

Pareil extrait doit être inséré dans des tableaux placés, à cet effet, dans l'auditoire du tribunal de commerce, dans les chambres d'avoués de première instance et dans celles de notaires, le tout dans les lieux où il y en a ; lesdites

peu près identiques : « La généralité de l'alinéa 2 de l'article 1445 est d'autant plus décisive que l'ensemble de cet article ne peut laisser aucun doute sur le véritable esprit de la loi. En effet, après avoir prescrit dans l'intérêt des tiers, les formalités nécessaires pour donner la plus grande publicité aux jugements de séparation de biens, le législateur s'est hâté de poser le principe de la rétroactivité de ces jugements, comme s'il avait craint que l'on n'induisît, de la première disposition, la fausse conséquence que l'effet de pareils jugements est retardé, à l'égard des tiers, jusqu'après l'accomplissement des formalités mentionnées dans cette disposition. »

(1) Aubry et Rau, 4e édition, t. V, § 516, p. 400, n° 45.

(2) Voir notamment Guillouard, t. III, n° 1162.

(3) V. Labbé, note sous Cass., 18 avril 1893, S. 1895.1.6.

insertions seront certifiées par les greffiers et par les secrétaires des chambres (art. 866).

Le même extrait doit être inséré, à la poursuite de la femme, dans l'un des journaux qui s'impriment dans le lieu où siège le tribunal ; et s'il n'y en a pas, dans l'un de ceux établis dans le département, s'il y en a. Ladite inscription sera justifiée ainsi qu'il est dit au titre de la *saisie immobilière*, article 698 du Code de procédure civile, c'est-à-dire par la production d'un exemplaire de la feuille contenant l'extrait ; cet exemplaire portera la signature de l'imprimeur, légalisée par le maire (art. 868, C. pr. civ.).

L'article 869 du Code de procédure civile décide enfin qu'il ne peut être, sauf les actes conservatoires, prononcé sur la demande en séparation, aucun jugement qu'un mois après l'observation des formalités ci-dessus prescrites, et qui seront observées à peine de nullité, laquelle pourra être opposée par le mari ou par ses créanciers (1).

Cette publicité de la demande, à laquelle est subordonnée la rétroactivité du jugement, fait disparaître les dangers que cette rétroactivité pourrait présenter pour les tiers : ces derniers sont suffisamment avertis pour pouvoir préserver leurs droits (2).

L'effet rétroactif du jugement de séparation peut donc être opposé sans danger aux tiers comme aux époux.

Remarquons d'ailleurs que cette publicité même implique évidemment que la demande peut être éventuellement opposée aux tiers du jour où elle a été formée, puisque « les publications que prescrivent les articles 866 à 869 du Code de procédure ne peuvent avoir d'autre objet que de mettre les tiers en position de se prémunir contre les effets de la rétroactivité du jugement qui prononcera la séparation (3) ».

(1) Voir aussi art. 65, C. de commerce.

(2) Garsonnet, § 460, t. III.

(3) Aubry et Rau, 4e édition, t. V, § 516, p. 400, n° 45.

20. Ces mesures de publicité de la demande justifient si bien, même à l'égard des tiers, la rétroactivité édictée par la disposition exceptionnelle de l'article 1445 que le législateur, quand il a jugé utile d'étendre cette règle au jugement de divorce dans l'article 252 modifié par la loi du 18 avril 1886, en a restreint l'application aux rapports des époux entre eux.

« Le jugement de divorce dûment transcrit, dit cet article 252 dans son alinéa 5, remonte, quant à ses effets entre époux, au jour de la demande. »

L'effet rétroactif du jugement n'est donc pas, en l'espèce, opposable aux tiers ; ce qui s'explique par ce fait que la demande en divorce n'est soumise à aucune publicité.

CHAPITRE II

QUEL EST LE POINT DE DÉPART DES EFFETS DU JUGEMENT DE SÉPARATION DE CORPS ?

21. Nous avons vu que la loi a déterminé, par des dispositions formelles, dans l'article 1445 du Code civil, et dans l'article 252 § 5 du Code civil, modifié par la loi du 18 avril 1886, le point de départ des effets du jugement de séparation de biens et du jugement de divorce : ces jugements remontent tous deux au jour de la demande en vertu de ces dispositions légales quant à ses effets *erga omnes* s'il s'agit du jugement de séparation de biens, quant à ses effets entre époux seulement s'il s'agit du jugement de divorce.

La loi n'a pas été aussi explicite en ce qui concerne le jugement qui prononce la séparation de corps ; car nous n'avons aucune disposition générale indiquant le moment auquel se produisent les divers effets du jugement de séparation de corps.

L'article 311 du Code civil déclare, il est vrai, que « la séparation de corps emporte toujours la séparation de biens », et cette disposition apparaît d'une portée très large, si large que certains auteurs en ont critiqué la formule : « Car elle déroute, ont-ils dit, les règles relatives à la séparation de biens. En se reportant en effet à l'article 1443 du Code civil, on voit que cette séparation nous y apparaît comme étant une protection accordée à la femme et que le mari ne peut demander la séparation de biens. Cependant, étant donné que la séparation de corps entraîne la séparation de biens par voie de conséquence forcée, le mari, s'il le désire, pourra provoquer une séparation de cette nature en plaidant en séparation de corps contre sa femme. Il y a là une confusion d'intérêts de nature très différente : il y a confusion des intérêts moraux et des intérêts pécuniaires. Il arrive trop souvent en effet qu'en plaidant en séparation de corps, c'est la séparation de biens qui est le véritable but que l'on veut atteindre. A mon sens, dit M. Surville, il aurait été préférable d'autoriser simplement les tribunaux à prononcer la séparation de biens accessoirement à une séparation de corps lorsque les circonstances la font considérer comme désirable sans en faire, comme l'article 311, une conséquence fatale de la séparation de corps (1). »

Nous n'avons pas à apprécier ici la valeur législative de cette disposition ; il nous suffit, en ce qui concerne l'objet de notre étude, de reconnaître deux choses :

1° Que la disposition est formelle et générale en ce qui concerne l'effet de la séparation de corps relativement aux biens, mais :

2° Que l'article 311 ne préjuge en rien la question qui nous intéresse.

Dès lors, la question reste entière, même en présence de cette disposition, sur le point de savoir si le jugement de séparation de corps remonte, tout au moins en ce qui concerne la séparation de biens qui en découle implicitement, au jour de la demande.

22. Pour répondre à cette question, il nous paraît nécessaire de la délimiter.

Il est évident en effet qu'il ne peut y avoir difficulté :

1° Dans le cas où un texte formel indique le point de départ à assigner au jugement de séparation de corps ;

(1) Surville, *Revue critique*, 1893, p. 226.

2° Dans le cas où l'époux demandeur en séparation de corps a formé à la fois une demande en séparation de corps fondée sur une des causes indiquées par les articles 229 à 232 du Code civil (art. 306, C. civ., modifié par la loi du 27 juillet 1884) et une demande en séparation de biens fondée sur le désordre des affaires du mari (art. 1443, C. civ.).

Ce deuxième cas ne demande aucune explication, le premier au contraire nécessite quelques détails, car nous avons trois textes :

1° L'article 243 du Code civil modifié par la loi du 18 avril 1886 ;

2° L'article 313 du Code civil complété par la loi du 6 décembre 1850 et modifié par la loi du 18 avril 1886 ;

3° L'article 767 du Code civil, modifié par la loi du 9 mars 1891,

qui indiquent, pour des effets déterminés du jugement de séparation de corps, un point de départ spécial.

23. Nous devons donc, en premier lieu, examiner les dispositions des articles 243, 313 et 767 du Code civil.

Ces divers articles n'assignent pas un point de départ uniforme, ils ont, suivant les nécessités, fixé comme point de départ des effets qu'ils visent :

1° La date de l'ordonnance par laquelle le président ordonne que les époux comparaîtront en conciliation devant lui.

C'est ainsi que les obligations et aliénations du mari peuvent être attaquées si elles ont été faites ou contractées après la date de l'ordonnance par laquelle le président ordonne de venir en conciliation devant lui, s'il est prouvé d'ailleurs qu'elles ont été faites ou contractées en fraude des droits de la femme (art. 243, modifié par la loi du 18 avril 1886).

C'est de cette ordonnance que part aussi la faculté pour

l'un ou l'autre des époux de se faire autoriser à prendre pour la garantie de ses droits des mesures conservatoires (art. 242).

2° La décision qui a autorisé la femme à avoir un domicile séparé.

En cas de jugement de séparation de corps, le mari peut désavouer l'enfant né trois cents jours après la décision qui a autorisé la femme à avoir un domicile séparé (art. 313 complété par la loi du 6 décembre 1850, modifié par la loi du 18 avril 1886) (1).

3° Le moment où le jugement de séparation de corps est passé en force de chose jugée. C'est à ce moment là seulement que le conjoint survivant perd ses droits à la succession de son conjoint prédécédé ou à l'usufruit que la loi du 9 mars 1891 lui a accordé sur cette succession (art. 767, C. civ.).

Pour ces divers cas, c'est la disposition spéciale édictée pour eux qui doit être suivie, ceci n'offre aucune difficulté.

Mais est-il possible de tirer de ces dispositions l'indice d'une règle générale ?

L'induction est difficile ici, car chacun de ces textes vise des hypothèses où les circonstances de la cause peuvent avoir imposé la solution édictée.

La première disposition a été inspirée par une idée de méfiance contre le mari qui, pour se venger de la demande formée contre lui, peut chercher à détruire ou à obérer le patrimoine qu'il administre, il est évident que c'est à partir du moment où le mari est prévenu de la demande de sa femme que l'effet de la suspicion qui le frappe doit être appliqué.

La seconde disposition a pour but d'écarter la présomp-

(1) L'ancien texte de la loi du 6 décembre 1850 disait : l'ordonnance du président, rendue aux termes de l'article 878 du Code de procédure civile.

tion ordinaire en matière de filiation, présomption dont l'application aurait causé ici un véritable scandale : il est évident que c'est à partir du moment où la cohabitation a été impossible que la présomption de filiation doit être écartée.

Le troisième texte contient une déchéance aux droits de succession : il a paru équitable que cette déchéance ne fût encourue qu'au jour où le jugement qui prononce la séparation de corps est définitif.

De la deuxième disposition, il n'y a aucune induction à tirer, car elle contient une règle spéciale édictée pour un cas particulier et une disposition différente eût été matériellement impossible.

Le premier et le troisième textes visent des intérêts pécuniaires ; on pourrait peut-être induire du premier que le jugement de séparation de corps rétroagit, en ce qui concerne les effets pécuniaires du jugement, au jour où l'époux défendeur peut être informé de la prétention de son conjoint, et du troisième que les déchéances qui résultent du jugement de séparation de corps ne sont acquises qu'au jour où le jugement a acquis force de chose jugée. Mais cette induction n'est-elle pas trop hardie ?

24. Nous sommes obligés de reconnaître que ces articles 243, 313 et 767 du Code civil ne contiennent aucun indice de règles générales déterminant le point de départ des effets du jugement de séparation de corps.

Dès lors, il ne reste plus qu'à examiner si l'article 1445 du Code civil, qui fixe le point de départ des effets du jugement prononçant la séparation de biens principale, ne régit pas aussi, dans le silence de la loi, la séparation de biens résultant accessoirement du jugement qui prononce la séparation de corps.

La question a soulevé de vives controverses depuis 1804 et il s'est formé quatre systèmes sur ce sujet.

Le premier système soutenait que l'article 1445, alinéa 2, du Code civil, contenant une disposition générale et ne faisant aucune distinction entre la séparation de biens judiciaire principale et accessoire, l'effet rétroactif du jugement devait se produire dans les deux cas.

Le second système, non moins absolu en sens inverse, soutenait que le jugement de séparation de corps ne pouvait jamais produire ses effets qu'au jour de la sentence.

D'après un troisième système, il faut distinguer les rapports des époux entre eux et ceux des époux avec les tiers à cause du défaut de publicité de la demande en séparation de corps. Rétroactif quant à ses effets entre époux, le jugement ne produirait ses effets à l'égard des tiers que du jour de la sentence.

Enfin, d'après un quatrième système, l'effet rétroactif ne pourrait être opposé aux tiers à l'égard des actes qui ne dépassent pas les limites ordinaires du pouvoir d'administrer tandis qu'il pourrait l'être au contraire pour les autres actes.

Nous allons indiquer les arguments invoqués pour soutenir chacun de ces systèmes, nous verrons si les motifs qui ont fait triompher l'un d'eux en doctrine, en jurisprudence et dans la législation sont suffisants pour justifier la solution adoptée.

25. Premier système. — Le jugement de séparation de corps rétroagit, quant à ses effets, au jour de la demande.

Pour le soutenir, les partisans de ce système s'appuient sur ce que l'article 1445, alinéa 2, du Code civil, aux termes duquel le jugement de séparation de biens remonte, quant à ses effets, au jour de la demande, ne fait aucune distinction entre la séparation de biens principale et la séparation de biens qui résulte toujours nécessairement en vertu de l'article 311 du Code civil de la séparation de corps. La loi ne faisant aucune distinction, l'effet rétroactif du jugement doit se produire, disent-ils, dans les deux cas.

Ceci ne saurait faire doute pour les auteurs qui admettent que l'article 1441, alinéa 2, du Code civil, contient une disposition générale confirmative du droit commun. Nous avons vu (1) que telle était l'opinion première de M. Garsonnet qui se trouvait ainsi logiquement amené à défendre ce premier système : « L'explication que je donne de l'article 1445 du Code civil, écrivait-il, me conduit à dire, avec la jurisprudence, mais contre l'opinion d'excellents auteurs, que la rétroactivité du jugement de séparation de biens, étant la conséquence des principes généraux du droit sur le contrat judiciaire et les effets des jugements, s'applique aussi bien au jugement de séparation de corps qui entraîne accessoirement la séparation de biens (art. 311, C. civ.), qu'à celui qui prononce la séparation de biens d'une manière principale (2). »

Les motifs qui justifient la rétroactivité de la séparation de biens ne se retrouvent pas ici, il est vrai ; la cause du danger qui menace la femme n'est point le péril des affaires du mari, car un mari brutal peut être un excellent administrateur, mais la demande en séparation de corps place les époux dans un état d'hostilité « à raison duquel, en fin de compte, ainsi que l'écrit M. Petiet, l'administration du mari peut devenir aussi préjudiciable à la femme que dans l'hypothèse d'une simple séparation de biens. Il est à craindre que le mari, durant l'instance, n'abuse intentionnellement de ses pouvoirs, sans cependant faire part aux tiers du mobile secret de ses actes, c'est-à-dire sans donner ouverture à l'action paulienne (3) ».

(1) Voir p. 18.
(2) Garsonnet, t. II, p. 253, note 2.
(3) Petiet, *Revue critique*, 1887, p. 597.

C'est sous l'influence de ces idées que la Cour de Paris a décidé que la rétroactivité était peut-être plus utile dans le cas d'une séparation de corps et de biens que dans le cas d'une séparation de biens seulement, et qu'elle a condamné un mari à subir la liquidation de la communauté à la date de la demande en séparation : « le mari a été bien averti par la demande, dit l'arrêt, et il est trop certain que, si la liquidation de la communauté devait prendre date au jour du jugement, le mari donnerait à la fortune, pendant l'instance, une situation qui altérerait et annulerait souvent les droits de la femme (1). »

Merlin faisait remarquer en outre, que le jugement de séparation de corps devait avoir un effet rétroactif au jour de la demande parce que l'époux contre lequel elle a été prononcée avait perdu dès lors tout droit à la société conjugale qui est la source et le fondement des biens, et qu'il n'a donc pas conservé celle-ci jusqu'à la sentence. La position des époux est fixée par la demande en séparation et par l'intention, que suppose nécessairement cette demande, de faire cesser immédiatement entre eux toute communauté (2).

De pareilles considérations sont de telle nature qu'elles devaient forcément amener les partisans de ce système à admettre l'effet rétroactif du jugement de séparation de corps, non seulement dans les rapports entre époux, mais encore à l'égard des tiers.

Et c'est en effet la solution qui fut admise non seulement par les auteurs, qui ont défendu ce système, mais aussi par de nombreux arrêts qui décidèrent que les effets du jugement de séparation de corps avaient pour point de départ la demande non seulement quand les inté-

(1) Paris, 25 avril 1863, S. 1864.2.133.
(2) Cass., 20 mars 1855, S. 1855.1.407,

rêts des époux étaient seuls en cause (1), mais même quand il s'agissait de repousser l'action des tiers qui avaient contracté avec le mari durant l'instance (2).

De vives objections furent soulevées contre un système aussi absolu : il paraissait peu équitable, en effet, malgré la disposition générale et absolue de l'article 1445, qu'une restriction à la rétroactivité ne fût pas imposée dans l'intérêt des tiers puisque la publicité exigée pour la demande en séparation de biens par l'article 866 du Code de procédure, n'était pas également prescrite pour la demande en séparation de corps (3).

Mais la Cour de Besançon, dont l'arrêt en date du 15 février 1864 (4) est le premier qui ait résolu aussi explicitement notre question contre les tiers, repoussa cette objection par ces motifs :

« Que la rétroactivité de la sentence ne se rattache pas aux mesures de publicité édictées par le Code Napoléon et complétées plus tard par le Code de procédure civile ; que la séparation de biens n'étant que trop souvent le résultat d'un concert entre les époux contre leurs créanciers personnels ou ceux de la communauté, il importait de provoquer par la publicité l'intervention, dans l'instance, des tiers, défendeurs naturels à cette action et parfois seuls intéressés à la contester ; que, pour la séparation de corps, la nature même du débat, concernant avant tout l'état des personnes, rendait inadmissible l'intervention des

(1) Cass. req., 20 mars 1855, S. 1855.1.401 ; Cass., 18 juin 1877, S. 1887.1.406 ; C. de Limoges, 17 juin 1835, S. 1836.2.61 ; Paris, 25 avril 1863, S. 1864.2.131 ; Paris, 2 avril 1869, S. 1869.2.205 ; Dijon, 3 décembre 1869, S. 1870.2.17 ; Bordeaux, 28 mai 1873, S. 1873.2.291 ; Bordeaux, 23 novembre 1880, S. 1881.2.76.

(2) Paris, 18 juin 1855, S. 1856.2.169, D. 1856.2.248 ; Paris, 27 décembre 1860, S. 1861.2.263 ; Besançon, 15 février 1864, S. 1864.2.131.

(3) Voir Cass., 20 mars 1855, S. 1855.1.401.

(4) C. de Besançon, 15 février 1864, S. 1864.2.131.

tiers, inutile d'ailleurs en raison de la mésintelligence des époux et des précautions prises par la loi. »

La Cour de Besançon en concluait « que la distinction proposée au profit des tiers aboutirait à livrer la femme, virtuellement demanderesse en dissolution de la communauté par le fait même de son action en séparation de corps, à la merci des manœuvres du mari et de sa résistance arbitrairement prolongée par des involutions de procédure ; que la protection de la loi manquerait ainsi à la femme au moment où elle lui est le plus nécessaire ».

On objectait encore qu'il était injuste de déclarer nulles vis-à-vis de la femme des obligations contractées par le mari avec des tiers de bonne foi, alors surtout que la loi avait, en édictant une disposition spéciale permettant à la femme de faire annuler les obligations contractées par le mari ou les aliénations faites par lui, s'il était prouvé que ces aliénations avaient été faites ou ces obligations contractées en fraude des droits de la femme (ancien art. 271, C. civ.), sauvegardé suffisamment les droits de la femme et montré qu'elle considérait comme pleinement valables les actes non frauduleux du mari.

Mais la Cour de Besançon repoussait encore cette objection par ce motif :

« Que la demande en séparation de corps constitue d'ailleurs en fait une séparation légalement provisoire et exclusive de la collaboration commune, base de la communauté des biens ; que l'article 271 (1), inséré au livre des personnes, se bornait à réserver à la femme la faculté d'attaquer les actes du mari, accomplis en fraude de ses droits depuis la demande en divorce ; mais que cette disposition, qui appliquait à la femme le droit commun seulement, et laissait à sa charge la preuve toujours si

(1) Aujourd'hui art. 243, C. civ.

difficile de la fraude, n'était, comme l'indique l'intitulé de la section, qu'une mesure provisoire; que le législateur n'entendait pas limiter à un droit aussi restreint la protection due à la femme, mais pourvoir plus efficacement à ses intérêts, comme il l'a fait plus tard, au moment où il s'est occupé des causes et des effets de la dissolution de la société conjugale (1). »

26. En résumé, ce premier système s'appuyait sur les arguments suivants :

1° L'article 1445 contient une disposition générale qui ne comporte aucune distinction ; il s'applique donc à la séparation de biens accessoire à une séparation de corps comme à la séparation de biens principale ;

2° Cet article 1445 contient une règle dont la portée est absolue parce qu'elle n'est que l'application des principes de droit commun et qui régit par conséquent toute séparation de biens principale ou accessoire ;

3° L'hostilité, qui existe entre les époux, rend suspecte l'administration du mari et justifie amplement la rétroactivité du jugement de séparation de corps ;

4° La volonté des époux de faire cesser la société conjugale quant aux biens résulte de la demande en séparation de corps et leur situation est fixée à ce moment ;

5° La rétroactivité est applicable au jugement de séparation de corps même à l'égard des tiers ; il importe peu que la demande ne soit pas publiée, car en matière de séparation de biens principale, la publicité de la demande se justifie par l'intérêt que les tiers peuvent avoir à intervenir dans une instance qui souvent n'est engagée que dans le but de les frauder, tandis qu'ici leur intervention est impossible et d'ailleurs la publicité ressort suffisamment de la cessation de la cohabitation ;

(1) C. de Besançon, 15 février 1864, S. 1864.2.130.

6° La distinction entre les effets à l'égard des époux et les effets à l'égard des tiers priverait la femme de toute protection contre les agissements du mari ;

7° Enfin l'ancien article 271 (aujourd'hui 243) du Code civil, qui semble admettre la continuation de la communauté, n'est qu'une mesure provisoire qui se complète par l'article 1445.

27. Deuxième système. — Le jugement de séparation de corps ne peut jamais rétroagir ; il ne peut jamais produire ses effets qu'au jour de la sentence.

Cette opinion a pour elle des auteurs importants, Delvincourt, Duranton, Valette, Marcadé, Demolombe, Rodière et Pont, Coin-Delisle.

Comme cette deuxième opinion est exactement la contrepartie de la première, il nous a paru plus simple de grouper ici, en réponse aux arguments invoqués pour soutenir le système de la rétroactivité, tous les motifs présentés pour appuyer le système de la non-rétroactivité.

1° Le premier argument invoqué par le premier système est que l'article 1445 contient une disposition générale qui ne permet aucune distinction entre la séparation de biens principale et la séparation de biens accessoire à une séparation de corps.

Mais, ainsi que le fait observer M. Colmet de Santerre, on ne tient compte, en parlant ainsi, ni de la place, ni des termes de l'article 1445. « Cet article est écrit au milieu de dispositions spéciales à la séparation de biens principale (art. 1443, 1444, 1446, 1447) ; en outre, il parle d'un jugement qui prononce la séparation de biens : « Le jugement qui prononce la séparation de biens, dit-il, remonte, quant à ses effets, au jour de la demande. » Or cette séparation accessoire de la séparation de corps n'est pas prononcée par jugement, elle est la conséquence nécessaire et tacite de la séparation de corps (art. 311, C. civ.) (1). »

Pour M. Coin-Delisle (2), l'interprétation proposée par le premier système contiendrait :

1° Violation de l'article 311 du Code Napoléon, qui ne voit pas dans le jugement de séparation de corps un jugement de séparation de biens, mais une cause efficiente et virtuelle de séparation de biens, sans demande sur ce chef ;

2° Violation de l'article 1441, en ce que cet article énumère cinq causes distinctes de dissolution de communauté, et que le premier système les réduit à quatre seulement, en fixant la séparation de biens, suite de la séparation de corps, à une époque antérieure à la séparation de corps ;

3° Enfin, fausse interprétation de l'article 1445, en ce que cet article est limité par son sens aux effets du jugement de séparation quant aux biens seulement, et ne se rapporte en rien à la séparation de biens, qui naît aussitôt, mais sans que le jugement ait eu besoin d'en faire un chef de disposition.

L'article 1445 n'a donc pas compris dans ses termes la séparation de biens, conséquence directe et effet de la séparation de corps (3). Il faut décider que, par ses termes, l'article 1445 a exclusivement réglé l'effet de la séparation de biens demandée principalement et indépendamment de la séparation d'habitation, et qu'il ne régit pas la séparation de biens accessoire à la séparation de corps.

(1) Colmet de Santerre, *Cours analyt. de droit civil*, t. VI, 94 *bis*, III, p. 240 et 241.

(2) Coin-Delisle, n° 16.

(3) Si le jugement de séparation de corps indique cette conséquence de sa décision principale, cette partie de son dispositif est surabondante, et, par conséquent, on ne peut pas dire que la séparation de biens soit véritablement prononcée par jugement, puisque le jugement pouvait être muet sur ce point. Colmet de Santerre, *Cours analyt. du Code civil*, 94 *bis*, III, tome IV, p. 240 et 241.

2° Le second argument est que l'article 1445 contient une disposition de droit commun, qui doit être étendue à toute séparation de biens principale ou accessoire.

Nous avons déjà réfuté (nos 15 et 16) cette opinion : l'article 1445 décide que le jugement de séparation de biens remonte, quant à ses effets, au jour de la demande. Cette disposition serait l'application du droit commun si le jugement dont il s'agit était déclaratif de droits, car tous les jugements sont rétroactifs quand ils sont déclaratifs. Mais le jugement de séparation de corps est constitutif d'un nouvel état de choses et il est de règle au contraire que ces jugements ne rétroagissent pas.

Nous savons que, si le jugement qui prononce la séparation de biens remonte, quant à ses effets, au jour de la demande, « c'est une mesure particulière de défiance à l'égard du mari, pour soustraire sans retard la communauté à sa mauvaise administration. Mais le caractère exceptionnel de cette disposition ne peut être contesté.

Par suite il n'est pas permis d'étendre cette disposition exceptionnelle à d'autres cas pour lesquels il n'existe ni un texte analogue ni une telle précaution (1).

Il faut en conclure que l'article 1445 du Code civil ne s'applique qu'à la séparation de biens principale, et que celle qui résulte accessoirement d'un jugement de séparation de corps, même rendu au profit de la femme, n'a d'effet qu'à partir du prononcé de ce jugement.

3° Le troisième argument invoqué par le premier système est que la séparation de biens, principale ou accessoire, doit produire ses effets rétroactivement au jour de la demande parce que, dans les deux cas, il y a urgence à soustraire la communauté et les biens de la femme à la gestion du mari à raison du mauvais état de ses affaires,

(1) Garsonnet, *Cours de procédure*, § 460, III, p. 219 ; Colmet de Santerre, 94 *bis*, III, t. VI, p. 240 et 241.

quand il s'agit d'une séparation de biens principale (article 1443), à raison de l'esprit d'hostilité qui règne entre les époux quand il s'agit d'une séparation de corps (articles 306 et 229 à 232 du Code civil).

Mais beaucoup d'auteurs estiment que le motif spécial, qui impose exceptionnellement au jugement de séparation de biens, quoiqu'il crée une situation nouvelle, l'application du principe général de la rétroactivité des jugements, ne se retrouve pas dans la séparation de corps (1) et que cette rétroactivité ne serait pas justifiée par la nature des faits sur lesquels la demande est fondée (2).

Ici la séparation de biens est tout simplement la conséquence de la cessation de la vie commune, le mari est peut-être bon administrateur et il n'y a pas de raison pour mettre fin à la communauté avant que la vie commune ait régulièrement et définitivement cessé (3).

Cette opinion est d'autant plus soutenable que, dans la majeure partie des cas, la femme qui plaide en séparation de corps a pour but, non pas de sauver la dot que son mari administre peut-être en très bon père de famille, mais de faire cesser la vie commune rendue insupportable par les mauvais procédés auxquels elle est soumise.

On ne peut pas reprocher au mari d'avoir contesté et d'avoir, par sa défense, retardé la liquidation des droits de la femme, puisque la loi défend les séparations de corps volontaires.

Cette rétroactivité pourrait même être préjudiciable à la femme qu'elle priverait de tout droit aux valeurs mobilières échues au mari dans l'intervalle de la demande au jugement, valeurs qui, en effet, se trouvent exclues de la

(1) Mourlon, t. III, n° 201, p. 96 et 97 ; Colmet de Santerre, t. VI, 94 *bis*, III, p. 240 et 241.

(2) Garsonnet, § 1373 B. t. VI, p. 546 et 547.

(3) Colmet de Santerre, t. VI, 94 *bis*, III, p. 240 et 241.

communauté, si la dissolution en a eu lieu dès le jour de la demande, tandis qu'elles y sont, au contraire, comprises si elle n'a été dissoute qu'au jour du jugement de séparation de corps.

C'était d'ailleurs l'opinion admise dans l'ancien droit par Pothier et surtout par Argon.

« Les séparations du mari et de la femme, disait Argon, emportent la dissolution de la communauté, avec cette différence que la simple séparation de biens n'étant jamais ordonnée que quand il y a une preuve évidente de la dissipation, et le mari ne pouvant pas être accusé de dissipation, tant que la communauté est avantageuse, la femme séparée de biens est obligée de renoncer à la communauté, pour pouvoir reprendre franchement et nettement tout ce qu'elle a apporté en mariage, même ce qui est entré de ses biens dans la communauté, lorsqu'elle a stipulé la clause de reprise par son contrat de mariage ; de sorte que la séparation de biens emporte une dissolution de la communauté, tant pour le passé que pour l'avenir (1).

« Il n'en est pas de même de la séparation d'habitation. Un mari violent et emporté, peut être bon économe, et avoir une communauté riche et opulente. Or il ne serait pas juste que la femme qui se trouve dans la malheureuse nécessité de demander une séparation d'habitation, perdît le droit qui lui est acquis dans la communauté, par la seule faute de son mari : c'est pourquoi, quand la séparation a été prononcée, la communauté cesse à la vérité pour l'avenir ; mais cette dissolution n'a pas un effet rétroactif, et la femme est en droit de demander le partage de la communauté en l'état où elle se trouve (2). »

Les auteurs ajoutent que la rétroactivité, juste à l'égard du mari, dans les séparations de biens principales, puis-

(1) Argon, *Institution au droit français*, II, p. 210.
(2) Argon, *Institution au droit français*, II, p. 211.

qu'elles sont toujours poursuivies contre lui, serait, au contraire, injuste, en matière de séparation de corps, toutes les fois que la séparation est demandée par lui.

Ainsi que l'a très justement décidé le tribunal de Joigny, par un jugement longuement motivé : « la disposition de l'article 1445 introduite uniquement dans le but de protéger la femme demanderesse contre les dilapidations du mari, deviendrait un contre-sens, appliqué au cas où la dissolution de la communauté est la conséquence de la demande du mari (1). »

Par conséquent, il est inadmissible que le jugement de séparation, étant constitutif de droits, puisse rétroagir : « d'autant plus que la femme pouvait, si la continuation de la communauté lui était désavantageuse,ou si les actes conservatoires et la faculté de faire annuler les ventes ou obligations, consenties en fraude par son mari, ne lui paraissaient pas sauvegarder suffisamment ses droits,demander au principal par une action parallèle la séparation de biens (2). »

Tout ce que nous avons dit ci-dessus prouve que le jugement de séparation de corps ne rétroagit pas quant à ses effets entre époux, au jour de la demande ; *a fortiori* il ne peut rétroagir à l'égard des tiers.

Le Code de procédure, ajoute M. Colmet de Santerre (3), prouve bien que telle est la règle légale, car il ordonne de publier le jugement de séparation de corps et n'impose pas la nécessité de publier la demande, montrant ainsi que si le jugement intéresse les tiers parce qu'il dissout la communauté, la demande leur est indifférente, c'est-à-

(1) Trib. de Joigny, 20 mai 1868, infirmé par arrêt de la Cour de Paris, 8 avril 1869, S. 1869.2.206.

(2) V. jugement du trib. de Joigny, précité.

(3) Colmet de Santerre, *Cours analyt. du Code civil*, t. VI, 94 *bis*, III, p. 240 et 241.

dire ne sert point à déterminer la date de la dissolution de cette communauté (art. 880, C. pr. civ.).

4° Le quatrième argument est que le jugement de séparation de corps doit avoir un effet rétroactif au jour de la demande, parce que l'époux contre lequel elle a été prononcée avait perdu dès lors tout droit à la société conjugale qui est la source et le fondement des biens, et qu'il n'a donc pas conservé celle-ci jusqu'à la sentence (1).

C'est en ce sens que la Cour de cassation avait décidé que la position respective des époux est fixée par la demande en séparation et par l'intention que suppose nécessairement cette demande de faire cesser immédiatement entre eux toute communauté d'intérêts comme toutes relations personnelles (2).

Mais l'affirmation de cet arrêt n'est qu'une présomption peut-être inexacte : il est bien plus certain que généralement, la femme ne songe à faire bénéfice de ses biens de communauté qu'à partir du temps où ces biens rentrent en ses mains, ou, pour mieux dire, elle ne songe qu'à se soustraire aux sévices et aux outrages.

En outre, il faut remarquer que la communauté est un contrat. Or de ce contrat on ne peut demander la résolution ; d'après sa nature, on n'en obtiendra que la dissolution. La partie demanderesse peut avoir intérêt à ce que la société de biens demeure intacte jusqu'au jour de la sentence, pourquoi vouloir faire rétroagir cette sentence, si la partie demanderesse n'a pas formé une demande principale en séparation de biens ? (3)

La communauté tire sa source du mariage même et de la convention contractuelle ou légale. Pourquoi donc la ferait-on finir avant la prononciation de la séparation de

(1) Merlin, *Rép.*, v° *Séparation de corps*.

(2) Cass., 20 mars 1855, S. 1855.1.407, D. 1855.1.329.

(3) Coin-Delisle, n° 17.

corps? Il n'y a pas de raison de faire cesser la société de biens avant que le juge n'ait modifié la cause principale par la sentence de séparation de corps, d'autant que, dans certains cas, la société de biens peut être avantageuse au cours du procès à l'époux réduit à demander la séparation d'habitation (1).

Enfin il faut se rappeler que l'article 311 ne signifie pas que le jugement qui prononce la séparation de corps prononce toujours la séparation de biens ; cet article 311 est une loi décisoire et non une loi de procédure ; le mariage n'étant pas dissous par la séparation de corps comme par le divorce, il fallait bien indiquer les effets du relâchement des liens du mariage pour les limiter, et c'est ce que fait l'article 311 en déclarant qu'un des effets de la séparation de corps est d'emporter toujours séparation de biens. Par suite,il est évident que l'effet ne peut précéder la cause (2), le jugement de séparation de corps ne peut produire aucun effet rétroactif (3).

A plus forte raison, ce jugement ne rétroagit pas à l'égard des tiers qui, n'ayant pas connu la demande, auraient juste sujet de se plaindre, si l'on appliquait contre eux, avant qu'il soit rendu, un jugement qu'ils n'ont pu prévoir (4).

5° Le cinquième argument est que la publicité qui résulte des mesures prescrites par les articles 866 à 873 du Code de procédure civile pour la séparation de biens prin-

(1) Coin-Delisle, n° 17.

(2) Coin-Delisle, n° 11.

(3) M. Coin-Delisle disait encore, mais cet argument n'a plus de valeur aujourd'hui : « Nous avons démontré que le divorce n'avait pas l'effet rétroactif que l'article 1445 donne à la séparation, quant aux biens, demandée par la femme qui continuera d'habiter avec son mari ; donc, cette séparation qui emporte avec soi la séparation de corps aux termes de l'article 311, n'avait ni ne pouvait avoir une rétroactivité que le divorce n'avait pas. » Coin-Delisle, n° 16.

(4) Garsonnet, § 1373, B. t. VI, p. 546 et 547.

cipale et de la cessation de la cohabitation pour l'autre, a pour conséquence de justifier la rétroactivité de la séparation de biens principale ou accessoire, même vis-à-vis des tiers. On fait observer en effet que, si la rétroactivité offre quelque danger pour les tiers, elle trouve un correctif très suffisant dans la publicité de la demande (1).

Mais un grand nombre d'auteurs pensent que la séparation de biens prononcée comme conséquence d'un jugement de séparation de corps, n'a d'effet qu'à partir de ce jugement parce que la demande de séparation de corps, à laquelle on voudrait faire remonter les effets de la séparation de biens, n'est soumise à aucune des conditions de publicité qui sont exigées dans l'intérêt des tiers, quand il s'agit d'une séparation de biens principale.

L'article 880 du Code de procédure civile dit en effet seulement : « Extrait du jugement qui prononcera la séparation sera inséré aux tableaux exposés tant dans l'auditoire des tribunaux que dans les chambres d'avoués et notaires, ainsi qu'il est dit article 872. » L'article 66 du Code de commerce va plus loin : « Tout jugement qui prononce une séparation de corps entre mari et femme dont l'un serait commerçant sera soumis aux formalités prescrites par l'article 872 du Code de procédure civile (2). » Mais ces deux articles ne visent que la publicité du jugement et n'en prescrivent aucune pour les demandes qui tendent aux mêmes fins entre les mêmes personnes.

Il faut en conclure que le jugement de séparation de corps ne peut rétroagir à l'égard des tiers qui, n'ayant pas connu la demande, auraient juste sujet de se plaindre si l'on appliquait contre eux, avant qu'il soit rendu, un jugement qu'ils n'ont pu prévoir (3).

(1) Cf. Garsonnet, § 1373, B. t. VI, p. 546.
(2) Cf. Garsonnet, § 1373, A. t. VI, p. 545.
(3) Garsonnet, § 1373, B. t. IV, p. 546 et 547.

En effet si la loi avait entendu consacrer ici le principe de rétroactivité, elle aurait certainement, et c'est ce qu'elle n'a pas fait, appliqué à la demande en séparation de corps le principe de publicité auquel elle a assujetti la demande en séparation de biens (1).

M. Garsonnet ajoute qu'on peut voir ainsi que la question de rétroactivité du jugement se lie étroitement à celle de la publicité de la demande : « étroitement, dit-il, mais non pas d'une manière indissoluble, car la demande de séparation de corps fût-elle rendue publique, il resterait, au point de vue des principes, des motifs suffisants pour n'y pas appliquer la rétroactivité du jugement (2). »

6° Le sixième argument invoqué par le premier système est que la distinction entre les effets à l'égard des époux et les effets à l'égard des tiers priverait la femme de toute protection contre les agissements du mari. Le mari, pendant la demande en séparation de corps, pourrait commettre des fraudes ; la femme serait à la merci des manœuvres du mari et de sa résistance arbitrairement prolongée par des involutions de procédure (3). *Melius est intactam causam servare quam post vulnera remedium quærere.* Et les partisans du premier système en concluent que le jugement doit rétroagir à l'égard des tiers comme à l'égard des époux.

Les partisans du second système admettent bien qu'il ne faut faire aucune distinction entre les époux et les tiers, mais c'est pour soutenir miex le principe de la non-rétroactivité absolue à l'égard des uns comme à l'égard des autres.

On ne peut pas reprocher au mari d'avoir, par sa défense, retardé la liquidation des droits de la femme

(1) Mourlon, t. III.
(2) Garsonnet, § 1373, B. t. VI, p. 546 et 547.
(3) Cf. Coin-Delisle, n° 17.

puisque la loi défend les séparations de corps volontaires.

Si le mari, mauvais administrateur autant que mauvais mari, abusait de la situation pour nuire aux intérêts de sa femme et compromettre l'exercice de ses reprises, la femme pourrait invoquer l'article 271 (aujourd'hui 243) du Code civil, qui est également applicable à la séparation de corps et au divorce, et faire annuler les aliénations consenties par son mari en fraude de ses droits.

La femme, lorsque sa dot est mise en péril, peut d'ailleurs obtenir le bénéfice de la rétroactivité établie par l'article 1445, en formant une demande expresse en séparation de biens, soit simultanément avec l'action en séparation de corps par elle intentée, soit reconventionnellement à celle dirigée contre elle.

Enfin, pour sauvegarder tous ses droits, la femme peut prendre dès le commencement de la procédure en séparation de corps, des mesures conservatoires de ses droits (art. 242, C. civ.).

Il est donc inexact d'affirmer que la femme soit à la merci des manœuvres du mari pendant l'instance. La loi lui a donné des garanties suffisantes pour en éviter les inconvénients.

Les partisans du second système ajoutent qu'on ne peut pas invoquer la règle : *Melius est intactam causam servare quam post vulnera remedium quærere*, car le mari ne paraît pas pouvoir être privé de l'administration de la communauté. En outre ils font remarquer que les mesures de garantie accordées à la femme par les articles 242 et 243 (anciens articles 270 et 271) prouvent d'une manière irréfutable que le législateur a considéré qu'aucun effet rétroactif ne pouvait être attribué à la sentence de séparation de corps, car ces dispositions seraient inutiles puisque la rétroactivité seule entraînerait la résolution de tous les actes du mari : l'article 243 (ancien article 271) surtout ne se comprend qu'avec le système de la non-rétroactivité, puisqu'il aboutit à maintenir toute obligation ou aliénation consentie sans fraude par le mari, avant le jugement de séparation de corps, ce qui implique que la communauté n'était point antérieurement dissoute puisque le mari a pu l'obliger.

Ces auteurs disent enfin qu'ils pourraient comprendre qu'on eût accordé un effet rétroactif à la femme qui n'administre pas et que son mari, sauf pour elle les mesures conservatoires, a le pouvoir de ruiner pendant la procédure ; mais « comprendra-t-on que la loi ait accordé un effet rétroactif au mari qui administre et détient et ses biens et ceux de sa femme ? La doctrine ne s'accorde donc pas avec la nature de la demande en séparation de corps qui peut être formée par le mari comme par la femme (1) ».

Il faut donc conclure que la rétroactivité n'a jamais lieu, ni à l'égard des époux ni à l'égard des tiers.

7° Le septième argument est que l'article 271 (aujourd'hui 243) du Code civil, n'est qu'une disposition provisoire qui se complète par l'article 1445 et les autres articles de ce même titre ; l'article 271 est contenu dans le titre du divorce, les dispositions de ce titre sont certainement applicables à la séparation de corps en tant qu'elles n'ont rien de contraire à la continuation du mariage, mais, en ce qui concerne les biens, la séparation de corps ne peut produire que les effets ordinaires de la séparation de biens qu'elle engendre accessoirement, or ces effets sont régis par les articles 1443 et suivants ; c'est dans ces dispositions qu'il faut donc chercher les règles applicables à la séparation de corps et l'article 271 ne préjuge en rien de la rétroactivité ou de la non-rétroactivité.

(1) Coin-Delisle, n° 16.

La Cour de Besançon en déduisait que l'effet rétroactif était absolu à l'égard de tous : « Sans doute le mari reste, au cours de l'instance en séparation de corps ou de biens, sinon maître absolu, au moins administrateur en fait de la communauté ; ses actes accomplis de bonne foi en cette qualité doivent être respectés et il en est de même de tous ceux qui lui auraient profité ; mais pour tous les autres actes, les tiers qui traitent personnellement avec lui, sans exiger de garanties spéciales, sont réputés connaître sa condition et suivre la foi de leur débiteur ; sa résistance à une action jugée légitime, ne saurait l'autoriser à engager indéfiniment une communauté brisée en fait et dont la dissolution a été demandée en justice (1). »

Mais, nous l'avons déjà vu, il est impossible de faire un reproche au mari puisque les séparations volontaires sont prohibées (art. 307, C. civ.) et le défaut de publicité empêche la rétroactivité à l'égard des tiers.

Ainsi que le jugeait en 1869 la Cour de cassation : L'article 271 du Code Napoléon (aujourd'hui 243, C. civ.), aux termes duquel, même en matière de divorce, les obligations contractées par le mari à la charge de la communauté et les aliénations par lui faites des immeubles communs postérieurement à l'ordonnance mentionnée en l'article 238 du même Code, n'étaient nulles, sauf, bien entendu, indemnité au profit de la femme contre le mari, que si elles avaient été faites en fraude des droits de la femme, et qui, par conséquent, refusait à la demande en divorce un effet rétroactif à l'égard des tiers, démontre qu'il en doit être de même à plus forte raison en matière de séparation de corps (2).

Par conséquent il faut reconnaître que la disposition de l'article 271 a pour but de protéger à la fois et la femme

(1) Besançon, 15 fév. 1864, S. 1864.2.37.
(2) Cass., 12 mai 1869, S. 1869.1.302.

et les tiers de bonne foi, et qu'elle n'est qu'une application du principe de la non-rétroactivité de la séparation de biens accessoire à une séparation de corps.

28. En résumé, ce deuxième système s'appuyait sur les arguments suivants :

1° L'article 1445 ne vise absolument que la séparation de biens principale et n'a jamais eu en vue la séparation de biens accessoire à une séparation de corps ; les termes de l'article 1445 qui n'attache la rétroactivité qu'au *jugement* de séparation de biens, de l'article 311 et de l'article 1441, le prouvent d'une manière irréfutable ;

2° L'article 1445 contient une règle exceptionnelle qui déroge au droit commun applicable aux jugements constitutifs d'un droit nouveau et qui, par conséquent, ne saurait être étendue à des cas autres que celui qui est expressément prévu dans l'article ;

3° La rétroactivité n'est pas justifiée par la nature des faits sur lesquels la demande est fondée : les motifs qui justifient la rétroactivité du jugement de séparation de biens ne se trouvent pas ici ; le mari peut être un bon administrateur, et la rétroactivité pourrait produire des résultats iniques aussi bien par rapport à la femme que par rapport au mari, et d'ailleurs la femme peut sauvegarder ses droits contre les aliénations frauduleuses consenties par le mari, soit par des actes conservatoires, soit en demandant la nullité de ces aliénations frauduleuses ; la rétroactivité ne serait donc pas justifiée par la nature des faits sur lesquels la demande est fondée ;

4° La volonté des époux de faire cesser la communauté ne peut résulter de la demande en séparation de corps, car c'est la séparation de corps qui produit la séparation de biens, l'effet ne peut donc précéder la cause, l'accessoire suit le principal ;

5° Le défaut de publicité de la demande a pour conséquence de rendre impossible la rétroactivité à l'égard des tiers ;

6° La femme, grâce aux mesures conservatoires qu'elle peut prendre dès le début du procès, à l'action en nullité qu'elle peut intenter contre les aliénations frauduleuses du mari, grâce à l'action en séparation de biens principale que la femme peut joindre à sa demande en séparation de corps, n'est nullement à la merci des manœuvres du mari ; il ne tient qu'à elle d'être protégée, la loi lui a donné les moyens de sauvegarder ses droits aussi bien vis-à-vis de son mari que vis-à-vis des tiers ;

7° L'article 271 ne contient pas une simple disposition provisoire ; cette disposition règle les rapports des époux et des tiers pendant l'instance ; elle a pour but de protéger à la fois et la femme et les tiers de bonne foi, et elle montre bien que le législateur a considéré le mari comme investi de tous ses pouvoirs jusqu'au jugement de séparation.

29. Troisième système. — Le jugement de séparation de corps rétroagit, quant à ses effets entre époux, au jour de la demande, mais il ne peut rétroagir à l'égard des tiers qui n'ont été informés, par aucune mesure de publicité, de la demande en séparation de corps.

Le principal argument invoqué pour soutenir ce système est que la disposition de l'article 1445 du Code civil est conçue en termes généraux qui ne permettent pas d'établir une distinction entre la séparation de biens principale et la séparation de biens résultant d'un jugement de séparation de corps.

Il importe peu que la disposition de l'article 1445 soit une disposition exceptionnelle, dérogeant au droit commun ; ce caractère exceptionnel ne justifierait pas la distinction proposée entre la séparation de biens accessoire et la séparation de biens principale, car il faut bien reconnaître que l'article 1445 est le seul texte qui s'occupe du point de départ de la séparation de biens ; l'article 311 indique seulement que toute séparation de corps emporte séparation de biens ; son laconisme est une preuve certaine qu'il faut se reporter, pour connaître les effets de cette séparation de biens accessoire, aux dispositions qui régissent les séparations de biens en général, c'est donc aux articles 1443 et suivants qu'il faut se reporter : par conséquent, l'article 1445 du Code civil est applicable à la séparation de biens qui dérive de la séparation de corps.

L'état d'hostilité où la demande en séparation de corps place les époux l'un à l'égard de l'autre justifie la rétroactivité à l'égard des époux, le système contraire pourrait entraîner les plus graves inconvénients. « Il y a mieux, la vie commune, en vue de laquelle les époux avaient réglé leur régime matrimonial, pouvant légalement cesser, dès avant même l'introduction de la demande en séparation de corps, par l'usage de la faculté que leur accorde l'article 878 du Code de procédure, on comprendrait difficilement que ce régime restât cependant en vigueur durant l'instance (1). »

Quant à l'objection tirée de ce qu'il serait injuste que l'effet rétroactif de la séparation atteignît le mari quand la séparation de corps aura été demandée par lui, M. Troplong nous indique la réponse : « Il s'est fait sa position ; il a demandé sa séparation de biens. Dès le jour où il l'a demandée, il a dû comprendre qu'il ne lui appartenait plus de se conduire en souverain de cette communauté ; qu'il ne pouvait plus la démembrer par ses actes ; qu'il ne pouvait plus profiter des accroissements de valeur arrivés par des successions échues à une femme qu'il répudie. Demander la dissolution de la communauté, c'est s'inter-

(1) Aubry et Rau, t. V, § 494, p. 202.

dire à soi-même tout cela (1). » La même réponse doit être faite à la femme demanderesse en séparation de corps qui se plaindrait, comme cela arrivait dans l'espèce, d'être privée des accroissements de valeur survenues du chef du mari ; et, d'ailleurs, n'est-ce pas là sa situation, quand elle forme une demande principale en séparation de biens ?

D'autre part, MM. Aubry et Rau font observer que, d'ordinaire, le demandeur en séparation de corps conclut accessoirement, et par voie de conséquence, à la séparation de biens ; si, en pareil cas, il ne paraît guère possible de refuser effet rétroactif, en ce qui concerne les droits respectifs des parties, au jugement qui prononcera tout à la fois la séparation de corps et la séparation de biens, on ne voit pas pourquoi il en serait autrement dans l'hypothèse où le demandeur se serait borné à provoquer la séparation de corps, puisque l'action ainsi formée implique nécessairement demande en séparation de biens (2).

C'est cette doctrine qui a triomphé auprès des tribunaux et la jurisprudence est depuis longtemps fixée (3) en ce sens que la séparation de biens, prononcée comme accessoire de la séparation de corps, sans que la séparation de biens ait fait l'objet d'une demande principale introduite concurremment avec la séparation de corps ou au cours de l'instance en séparation de corps (4), produit ses effets entre les époux à partir du jour de la demande (5).

Mais la rétroactivité, qui s'impose ainsi entre les époux,

(1) Troplong, n° 1386.
(2) Aubry et Rau, t. VI, p. 203, note 18.
(3) Voir note dans Sirey, 1894.2.10.
(4) Paris, 12 janvier 1882, Sirey, 1882.2.115.
(5) Cass., 12 mai 1869, Sirey, 1869.1.301 ; Dijon, 3 déc. 1869, Sirey, 1870.2.17 ; Cass., 13 mars 1872, Sirey, 1872.1.74 ; Bordeaux, 28 mai 1873, Sirey, 1873.2.291 ; Cass., 18 juin 1877, Sirey, 1877.1.406 ; Bordeaux, 22 janv. 1880 et 23 nov. 1880, Sirey, 1881.2.76 ; Tribunal de Troyes, 10 août 1881, Sirey, 1881.2.220.

ne doit pas être admise à l'encontre des tiers ; à leur égard, la rétroactivité pourrait engendrer des effets iniques et parfois désastreux, car il n'y a de publicité que pour le jugement prononçant la séparation de corps (art. 880, C. pr. civ.).

La demande en séparation de corps n'étant pas publiée ne peut être équitablement opposée aux tiers qui ont traité avec le mari pendant l'instance dans l'ignorance de cette situation ; ce défaut de publicité rend la rétroactivité dangereuse et nuisible ; par suite une distinction entre les tiers et les époux s'impose, il est nécessaire de limietr aux époux entre eux l'effet rétroactif dont parle l'article 1445 et il faut décider que les effets de la séparation de biens prononcée comme conséquence de la séparation de corps ne sauraient rétroagir, à l'égard des tiers, au jour de la demande, lorsque la demande en séparation de corps n'a pas été publiée.

Cette opinion a été admise par Toullier, Merlin, Massol, Dutruc, Massé et Vergé, Troplong, Aubry et Rau, et, en outre des considérations d'équité qui la rendent, dit-on, indiscutable, il faut reconnaître que l'article 271 (aujourd'hui 243, C. civ.), qui est invoqué par l'opinion précédente pour justifier la continuation absolue de la communauté durant l'instance en séparation de corps, paraît au contraire la consacrer. « On oppose, disait Troplong (1), l'article 271 du Code civil, pris au titre du divorce, qui ne déclare nuls les actes de disposition faits par le mari pendant l'instance, qu'autant qu'ils sont faits en fraude des droits de la femme. Voici comment se résout cette objection. Toutes les fois que pendant le procès en séparation de corps, le mari se met en rapport d'affaires avec des tiers, les actes qu'il passe avec ces derniers ne portent pas né-

(1) Troplong, *Contrat de mariage*, n° 1388.

cessairement le caractère de fraude qui les rend nuls *ipso facto*. Les tiers ne sont pas avertis d'un procès en séparation de corps, ou divorce, comme d'un procès spécialement intenté pour séparation de biens. De là cette conséquence que les tiers, n'étant pas tenus de connaître ce qui se passe, peuvent traiter avec le mari, comme si rien n'avait altéré son droit. Il suffit que la bonne foi ait présidé à leurs conventions. Mais de ce que la séparation ultérieurement prononcée n'a pas d'effet rétroactif à l'égard des tiers de bonne foi, il ne s'ensuit pas qu'entre les époux, l'article 1445 ne conserve toute sa force, et par exemple, on aurait tort de conclure, par une trop grande généralisation de l'article 271, que les successions mobilières échues à la femme pendant l'instance en séparation de corps, tombent dans la communauté. L'article 271 s'explique par des raisons spéciales pour un cas particulier. Mais s'il limite pour ce cas l'article 1445, il ne le touche en rien pour les autres. »

C'est cette doctrine que la jurisprudence a consacrée sans variations depuis 1869.

Déjà, en 1824, le tribunal d'Ambert faisait remarquer que « cette prétention de rétroactivité aurait pour résultat l'annulation de tous actes passés entre des tiers de bonne foi et le mari, et l'anéantissement même des jugements passés en force de chose jugée, si les uns et les autres ont été passés et obtenus pendant l'instance en séparation de biens, tandis que, d'un autre côté, il existe une pleine incertitude sur le résultat de cette demande (1) ».

En 1839, la Cour de Rouen avait aussi décidé que : « si, d'après l'article 1445 du Code civil, les effets d'un jugement de séparation de biens doivent remonter au jour de la demande, ce n'est qu'en ce qui concerne le mari, et non

(1) Tribunal d'Ambert, 5 avril 1824, C. N., 8e vol., p. 187.

les créanciers de celui-ci, qui auraient, comme dans l'espèce, exercé leurs droits par des saisies sur les revenus de la communauté, depuis la demande en séparation, etc. »(1).

Mais c'est en 1869 seulement que la Cour de cassation, sur pourvoi formé contre un arrêt de la Cour de Riom du 27 mai 1867 après jugement du tribunal civil de Cusset du 10 janvier 1867, a définitivement consacré ce système qu'elle a suivi depuis sans variations.

A raison de l'influence que cet arrêt a eue dans la suite sur la doctrine, la jurisprudence et même la législation, nous croyons bien faire en donnant ci-dessous le texte *in extenso* des motifs de cet arrêt :

« La Cour,

Sur le deuxième moyen :

Vu les articles 311 et 1445 du Code Napoléon ;

Attendu que si, aux termes de l'article 311 du Code Napoléon, la séparation de corps emporte toujours la séparation de biens, la séparation de biens ainsi prononcée par voie de conséquence ne peut produire un effet rétroactif autre que celui qui est attaché à la demande principale dont elle est l'accessoire et qui lui sert de soutien ;

Attendu que si, les jugements étant déclaratifs et non attributifs des droits qu'ils consacrent, leurs effets remontent, à l'égard des parties en cause, au jour de la demande, et si, par conséquent, la dissolution de communauté produite par la séparation de corps remonte, quant au mari, au jour où, par une demande en séparation de corps, la femme a manifesté l'intention de mettre fin à l'association conjugale, il en est autrement à l'égard des tiers, qui, n'ayant été avertis par aucune formalité légale de la demande qui a touché le mari, sont restés étrangers à l'instance qui en a été la suite, et auxquels, par conséquent, cette instance ne peut être opposée ;

(1) Cour de Rouen, 9 août 1839, Sirey, 1840.2.153.

D'où il suit qu'à leur égard la séparation de biens n'a d'effet que du jour du jugement de séparation de corps ;

Attendu qu'il n'y a aucune induction contraire à tirer de l'article 1445 du Code Napoléon ; que si cet article dispose que le jugement de séparation de biens remonte, pour ses effets, au jour de la demande, cette disposition, qui regarde moins le mari, pour lequel elle était inutile, que les tiers, n'est que le corollaire des dispositions qui prescrivent dans l'intérêt des tiers, l'accomplissement des formalités destinées à assurer la publicité des demandes en séparation de biens, et qu'il est par suite inapplicable à la séparation de corps, qui n'est assujettie à aucune publicité légale ;

Attendu que l'article 271 du Code Napoléon, aux termes duquel, même en matière de divorce, les obligations contractées par le mari à la charge de la communauté et les aliénations par lui faites des immeubles communs postérieurement à l'ordonnance mentionnée en l'article 238 du même Code, n'étaient nulles, sauf, bien entendu, indemnité au profit de la femme contre le mari, que si elles avaient été faites en fraude des droits de la femme, et qui, par conséquent, refusait à la demande en divorce un effet rétroactif à l'égard des tiers, démontre qu'il en doit être de même à plus forte raison en matière de séparation de corps ;

Attendu, enfin, qu'il importe peu que, dans l'espèce, la femme Chabanne ait, en même temps que sa séparation de corps, demandé sa séparation de biens, cette demande accessoire n'ayant pas été publiée ;

Qu'il suit de là qu'en jugeant par application des articles 311 et 1445 du Code Napoléon, que l'effet du jugement qui a prononcé la séparation de biens des époux Chabanne accessoirement à leur séparation de corps, remontait par ses effets vis-à-vis des tiers au jour de la demande, l'arrêt attaqué a faussement appliqué et par suite violé les articles précités ;

Casse, etc. (1). »

Citons notamment l'arrêt de la Cour de Paris du 12 janvier 1882 qui est intéressant à signaler parce qu'il fixe avec précision le point de départ des effets du jugement de séparation à l'égard des tiers (2).

Le 24 août 1881, le tribunal de la Seine avait jugé que « les effets d'un jugement prononçant la séparation de corps, et, par suite, la séparation de biens qui en est la conséquence, remontent au jour de la demande ». La Cour de Paris infirma ce jugement, « considérant que les effets de la séparation de biens à l'égard des tiers sont fort différents, suivant qu'elle a été obtenue par action principale, ou qu'elle est simplement la conséquence de la séparation de corps ; que, dans le premier cas, les tiers ayant été avertis par la publicité prescrite par les articles 866 et suivants du Code de procédure, les effets de la séparation de biens remontent à leur égard comme vis-à-vis du mari, au jour de la demande, tandis que, dans le second cas, la même procédure n'étant pas prescrite, la séparation de biens ne peut être opposée aux tiers qu'à partir de la publication et de l'affiche du jugement (3). »

Ce système consacre donc la distinction suivante :

1° Entre les époux, le jugement produit ses effets du jour de la demande ;

2° A l'égard des tiers, la séparation ne produit ses effets qu'à partir de la publication et de l'affiche du jugement.

Ainsi que l'a fort bien dit M. Labbé : La Cour de cassation, sans l'appui d'aucun texte formel, mais par voie

(1) Cass., 12 mai 1869, Sirey, 1869.1.302.

(2) Alger, 6 juillet 1892, S. 1893.2.275. Il est de jurisprudence que les effets du divorce ne remontent au jour de la demande qu'au regard des époux seulement.

(3) Cour de Paris, 12 janvier 1882, Sirey, 1882.2.115.

d'interprétation, procurait ainsi aux femmes, ayant obtenu la séparation de biens uniquement par voie de conséquence d'une séparation de corps seule judiciairement prononcée, une partie des avantages qui découlent de la rétroactivité du jugement, malgré le défaut de publicité originelle et sans compromettre l'intérêt des tiers. Elle décidait que le jugement de séparation de corps rétroagirait pour les biens, ce qu'on exprime par cette formule « quant à ses effets entre les époux », au jour de la demande ; le défaut de rétroactivité, tel qu'il résulte du Code, était maintenu par cette jurisprudence novatrice, à l'égard et au profit des tiers (1).

30. En résumé, ce troisième système s'appuie purement et simplement sur la généralité des termes de l'article 1445 du Code civil. Cet article vise les séparations de biens en général ; comme c'est l'unique disposition du Code à ce sujet, il paraît nécessaire de l'appliquer à toutes les séparations de biens principales ou accessoires, et ceci se justifie précisément par la généralité des termes de cet article. Il en résulte que la séparation de biens accessoire doit produire ses effets au jour de la demande. Mais, comme cette demande n'est pas publiée, que la bonne foi des tiers pourrait être surprise et leurs intérêts lésés par la fixation de la date de la séparation à une époque qu'ils ont dû ignorer (2), la doctrine et la jurisprudence ont décidé qu'il fallait limiter la rétroactivité aux effets de la séparation entre époux, et que les effets de la séparation de biens prononcée comme conséquence de la séparation de corps ne sauraient rétroagir, à l'égard des tiers, au jour de la demande, lorsque la demande en séparation de corps n'a pas été publiée.

31. Quatrième système. — Le jugement de séparation

(1) Labbé, note dans Sirey, 1894.1.6.
(2) Paris, 25 avril 1863, S. 1864,2,133.

de corps ne peut rétroagir vis-à-vis des tiers à l'égard des actes qui ne dépassent pas les limites ordinaires du pouvoir d'administrer, tandis qu'il rétroagit au contraire à leur égard pour les autres actes.

Ainsi que l'a fort bien jugé la Cour de Paris : « Il est juste de valider les actes d'administration faits de bonne foi par le mari commun en biens, après l'introduction d'une demande en séparation de corps ou de biens seulement, le pouvoir d'administrer subsistant jusqu'à ce que la séparation ait été définitivement prononcée, la même règle ne peut être appliquée aux obligations contractées par le mari en vue même de la séparation et pour en paralyser les effets autant qu'il est en lui (1). »

Cet arrêt étend l'effet rétroactif aux rapports du mari avec les tiers, en distinguant toutefois entre les obligations contractées par le mari et les actes d'administration accomplis par lui de bonne foi, et en ne frappant de nullité que les premières. Il consacre par là un système de conciliation défendu par MM. Rodière et Pont (2).

Ces auteurs admettent d'ailleurs d'autres restrictions à leur système, notamment en ce qui touche les successions mobilières échues à l'un des époux depuis la demande en séparation de corps, et qui, suivant eux, ne devraient pas entrer dans la communauté (3).

Nous n'insistons pas sur ce système qui est plutôt une restriction du premier système qu'un système spécial ; les correctifs proposés par MM. Rodière et Pont seraient de nature à atténuer les effets trop rigoureux de la rétroactivité absolue, mais, s'ils respectent l'équité, il est bien difficile de les soutenir juridiquement.

(1) Paris, 18 juin 1855, D. 1856.2.248.

(2) Rodière et Pont, *Contrat de mariage*, t. 2, nº 867.

(3) Rodière et Pont, *Contr. de mar.*, t. 2, nº 869.

32. De ces quatre systèmes, c'est le troisième qui a triomphé en doctrine et en jurisprudence.

Il a été cependant très vivement attaqué.

De nombreux auteurs, Duranton, Valette sur Proudhon, Marcadé, Rodière et Pont, Demolombe, Colmet de Santerre, Laurent, Guillouard ont fait remarquer, dit M. Labbé, que cette rétroactivité n'est pas dans la loi, que la distinction entre les effets entre époux et les effets à l'égard des tiers n'offre pas de netteté, de clarté, d'exactitude. Il est chimérique de prétendre affranchir les tiers du contre-coup des effets donnés au jugement entre époux (1).

Nous pouvons ajouter que l'arrêt de la Cour de cassation, en date du 12 mai 1869, qui sert de base à ce troisième système, est basé lui-même sur une erreur : il part de l'idée que, tous les jugements étant déclaratifs et non attributifs des droits qu'ils consacrent, leurs effets remontent, à l'égard des parties en cause, au jour de la demande, mais nous savons qu'il y a là une erreur manifeste, l'article 1445 contient une disposition exceptionnelle qui fait à un jugement attributif application d'une règle qui ne s'applique, suivant le droit commun, qu'aux jugements déclaratifs, or il n'est pas douteux que le jugement de séparation de corps est constitutif d'une situation nouvelle, qu'il est attributif de droits.

Les prémisses étant inexactes, la conclusion ne peut être que mal fondée et nous ne craignons pas d'affirmer que le système admis par la jurisprudence n'est pas celui que le législateur de 1804 a voulu consacrer dans le Code civil.

Ce qui nous le prouve, c'est l'opinion de Pothier.

Si l'on pèse bien les expressions de Pothier au *Traité*

(1) Labbé, note sous Cass., 18 avril 1893, S. 1894.1.6.

du contrat de mariage, on n'y trouve pas la moindre trace d'un effet rétroactif pour la séparation d'habitation : c'est à partir du jugement que la femme est affranchie de l'obligation de demeurer avec son mari ; à partir du jugement, qu'elle peut s'établir un domicile ; que le mari perd ses droits sur les biens de sa femme ; que la séparation prononcée emporte avec elle la séparation de biens et opère la dissolution de communauté... Rien n'indique la rétroactivité, quant aux biens, de la séparation d'habitation (1).

Ce qui nous paraît encore bien remarquable, c'est que Pothier fonde uniquement la rétroactivité du jugement de séparation quant aux biens seulement, non sur le droit, mais sur l'usage constant du Châtelet. L'usage du Châtelet était bon ; il était équitable parce que, sans toucher en rien à la substance du mariage, la demande en séparation de biens seulement ne frappait que sur la société de biens, et non sur la société d'un ordre plus relevé que forme le mariage.

C'est ensuite ce fait que l'article 1445 du Code civil ne prescrit que la publicité du jugement et reste muet sur la publicité de la demande : car c'est l'article 866 du Code de procédure civile, seul, qui ordonne la publicité de la demande.

Si l'interprétation de la jurisprudence était exacte, il faudrait admettre que de 1804, date de la promulgation du Code civil, à 1807, date de la promulgation du Code de procédure civile, le jugement de séparation de biens principale lui-même n'a pas produit d'effet rétroactif à l'égard des tiers ; ce que personne n'oserait soutenir.

Il est donc impossible de baser une distinction entre les époux et les tiers sur un défaut de publicité, alors que

(1) Coin-Delisle, n° 6.

l'article 1445, sur lequel est étayé ce système, ne vise pas cette publicité.

En réalité, il faut reconnaître que la question de rétroactivité ne se lie pas d'une manière indissoluble à celle de la publicité de la demande et, par suite, le moyen le plus sûr pour arriver à l'interprétation juridique la plus certaine est de rechercher purement et simplement si, d'après les principes, la rétroactivité est ou non admissible.

Or il n'est pas douteux qu'il n'y ait, au point de vue des principes, des motifs suffisants pour ne pas appliquer la rétroactivité du jugement (1).

Il est de règle en effet que les jugements créateurs d'une situation nouvelle ne rétroagissent pas, et c'est par application de ce principe que le jugement qui prononce l'interdiction ne produit ses effets qu'au jour où il est prononcé (art. 502, C. civ.).

Nous savons en outre que la rétroactivité n'est nullement justifiée par la nature des faits sur lesquels la demande est faite et qu'il n'y a pas lieu d'admettre la rétroactivité par mesure préventive, puisque la loi a édicté, dans les articles 270 et 271 (aujourd'hui 242 et 243 modifiés par la loi du 18 avril 1886), des moyens de protection suffisants pour sauvegarder chacun des époux contre les fraudes ou tentatives de fraude que pourraient commettre les époux, dans un but de vengeance, l'un contre l'autre.

La distinction entre les époux et les tiers aboutit d'ailleurs à des résultats bien peu pratiques ; car si les actes du mari, nuls vis-à-vis de la femme, sont valables à l'égard des tiers, tout se bornera dans le rapport des époux à l'exercice d'une récompense conformément au droit commun au moment de la liquidation : c'est le plus souvent un recours illusoire donné à l'époux qui n'administre ou ne détient pas le patrimoine.

(1) Garsonnet, § 1373, B. t. VI, p. 547.

Enfin, en ce qui concerne le divorce, le législateur de 1804 ne s'était nullement occupé de donner au jugement une rétroactivité au jour de la demande, même quant aux intérêts pécuniaires. Il s'était borné à prévenir les abus, à permettre d'annuler les actes frauduleux que le mari pourrait accomplir durant le procès comme chef de la communauté (art. 270 et 271, C. civ.). Et ces mêmes principes étaient certainement applicables à la séparation de corps qui n'avait été admise que comme divorce des catholiques (1).

C'est ce qui explique pourquoi les auteurs du projet de loi de 1816 qui avaient songé à la question, avaient rédigé une disposition (art. 24) aux termes de laquelle la séparation de biens résultant de la séparation de corps était destituée de tout effet rétroactif (2).

Sans doute, en présence d'une indication aussi vague que celle de l'article 311 du Code civil, et en l'absence d'un texte spécial à la séparation de biens accessoire à une séparation de corps, on conçoit que la jurisprudence s'en soit référée aux principes généraux de la séparation de biens principale, et qu'elle ait appliqué notamment la disposition de l'article 1445 du Code civil, mais alors elle eût dû l'appliquer sans distinction, car cet article n'en comporte aucune, et c'était alors le système de la rétroactivité avec toutes ses conséquences qu'il fallait suivre.

En aucune manière, le système mixte de la jurisprudence ne se justifie juridiquement.

Nous croyons donc que la volonté du législateur de 1804 a été d'admettre que le jugement de séparation de corps ne produit aucun effet rétroactif.

33. Quelles que soient les critiques que mérite la jurisprudence en notre matière, il n'y a guère de chance qu'elle

(1) Labbé, note dans Sirey, 1894.1.6.

(2) Cf. Cabouat, p. 51.

soit modifiée désormais, car le législateur de 1886 a pris cette jurisprudence comme un complément de la loi, une explication autorisée du Code et il l'a étendue au divorce par une disposition formelle dans l'article 252 remanié, dont le dernier alinéa est ainsi conçu, nous l'avons déjà dit : « Le jugement (de divorce), dûment transcrit, remonte quant à ses effets entre époux au jour de la demande. »

Ce dernier alinéa a été introduit entre deux délibérations du Sénat par la commission chargée d'examiner le projet de loi : la discussion à laquelle il a donné lieu mérite d'être rapportée, car elle nous indique d'une manière très précise les intentions des législateurs de cette époque.

M. Batbie demanda d'abord à la commission les motifs de sa décision : « Je ne m'explique pas très bien l'utilité de cette disposition, dit M. Batbie, et je crois qu'elle présente des inconvénients ; elle n'a pas d'utilité puisqu'il est de principe incontestable et incontesté jusqu'à ce jour que l'effet d'un jugement remonte au jour de la demande ; c'est même infirmer l'autorité de ce principe que de le mettre dans la loi, que de vouloir le confirmer par une disposition législative. Je ne comprends donc pas pourquoi cette disposition figure ici. »

M. Emile Labiche, rapporteur, répondit à M. Batbie : « Mon honorable collègue se trompe, la théorie de la rétroactivité au jour de la demande des effets du jugement est exacte en ce qui concerne les demandes en séparation de biens, il en est autrement en ce qui concerne les demandes en séparation de corps et en divorce. Pourquoi ? Parce que les jugements qui prononcent la séparation de corps ou le divorce ne sont pas, comme ceux qui prononcent la séparation de biens, déclaratifs de droits antérieurs, mais constitutifs d'un état nouveau. Aussi, jusqu'à présent, quoi qu'en dise notre honorable collègue, les jugements en séparation de corps ou en divorce n'ont jamais produit d'effet, même entre époux, que du jour du prononcé de l'arrêt ou du jugement. La disposition que nous vous proposons constitue donc une innovation. Comment se justifie cette innovation ? Elle a pour objet d'enlever aux époux la faculté de modifier, en ce qui les concerne, le patrimoine de la communauté, en avançant ou retardant suivant certaines combinaisons le moment où la décision des juges sera définitive et où, par conséquent, elle produit seulement effet aujourd'hui. Je n'ai pas, en effet, à rappeler à mon honorable collègue que si, en matière de séparation de biens, l'effet remonte au jour de la demande, il en est autrement en matière de séparation de corps ou de divorce. Cette différence, quant au moment où se produisent les effets des jugements de séparation de biens et les effets des jugements de séparation de corps, explique pourquoi le demandeur en séparation de corps a souvent intérêt à former une demande parallèle en séparation de biens, quoique la séparation de biens soit la conséquence de la séparation de corps. »

M. Batbie répliqua à M. Labiche : « Le jugement de divorce, comme celui de la séparation de biens, crée un état nouveau. Ce n'est pas un jugement déclaratif. On comprend très bien que les effets remontent à l'époque de la demande, si elle a été publiée, mais si la demande n'a pas été publiée d'une façon légale, comment voulez-vous faire remonter les effets du jugement au jour de la demande ? »

A ces observations, M. Labiche répondit : « Notre honorable collègue met les tiers en jeu, il oublie que notre texte ne parle que des effets à « l'égard des époux ». Notre rédaction donne donc satisfaction à ses préoccupations. En ce qui concerne les effets de la séparation de corps ou du divorce à « l'égard des tiers », il n'est apporté aucune modification au régime actuel (1). »

(1) *Journal officiel* du 25 décembre 1885. Séance du Sénat du 24 décembre 1885, *Déb. parl.*, p. 1369.

Le régime actuel dont parlait M. Labiche, c'était, dans son esprit, la distinction entre les effets à l'égard des époux et les effets à l'égard des tiers, telle que l'a consacrée la jurisprudence de la Cour de cassation. La rétroactivité attachée, par l'article 252 du Code civil, aux rapports entre époux, rétroactivité qui n'existait pas dans la rédaction primitive, antérieurement à cette jurisprudence, n'apparaît donc que comme une consécration de cette théorie, comme une reconnaissance d'un état de choses passé dans les mœurs (1). Cette jurisprudence, erronée à nos yeux, est donc désormais consacrée législativement, tout au moins pour le divorce.

Mais les explications données lors de la confection de la loi, ainsi que les principes de la matière, principes d'après lesquels la séparation de corps emprunte au divorce toutes les règles compatibles avec le maintien du mariage, ne permettent point de douter que ce texte doive être applicable au cas de séparation de corps (2).

Quoiqu'il n'y ait pas de doute sur ce point, il y a lieu de regretter cependant que le législateur de 1893, qui a réglementé la séparation de corps, n'ait pas décidé l'application de l'article 252 § 5 à la séparation de corps par une disposition formelle.

Ainsi que le disait M. Arnault dans son examen de la loi promulguée le 6 février 1893 : « on aurait pu formuler d'autres et plus amples désirs, par exemple, pourquoi la dernière disposition de l'article 252 ne serait-elle pas déclarée applicable à la séparation de corps ? En décidant que ses effets sur les biens remontent, quant aux époux, au jour de la demande, on ferait cesser une controverse,

(1) Labbé, note dans Sirey, 1894.1.6. Massigli, *Revue critique*, 1890, p. 456 ; 1894, p. 129.

(2) Baudry-Lacantinerie, Le Courtois et Surville, *Du contrat de mariage*, n° 978, p. 168 et 169.

et on établirait une distinction raisonnable entre l'effet entre époux et l'effet quant aux tiers (1) ? »

34. Connaissant les personnes à l'égard desquelles se produit l'effet rétroactif du jugement de séparation de corps, nous devons rechercher si cette rétroactivité s'applique quels que soient les intérêts en jeu.

L'embarras provient de ce que le jugement produit des effets de deux espèces :

1° Des effets sur la personne en ce qui concerne ses droits et devoirs de famille ainsi que sa capacité ;

2° Des effets sur les biens, autant en ce qui concerne les droits et obligations dérivant des conventions matrimoniales que les intérêts pécuniaires indépendants de ces conventions.

La séparation de corps ne regarde pas directement en effet les intérêts pécuniaires ; elle modifie les rapports entre les personnes, elle supprime le devoir de la cohabitation (2).

Et c'est de cet effet principal que dérivent les effets sur le nom des époux (art. 299, C. civ.), sur le domicile de la femme (art. 108, C. civ.), sur la capacité de la femme séparée de corps (art. 311, C. civ.) ainsi que les effets sur la garde et la correction des enfants (art. 240 et 241, C. civ.), sur la filiation (art. 313, C. civ.).

Quant aux effets sur les biens, il importe de faire une distinction ; il faut distinguer les intérêts pécuniaires réglementés par les conventions matrimoniales et les intérêts pécuniaires indépendants du contrat de mariage pour les premiers. C'est la séparation de biens, accessoire nécessaire de la séparation de corps (art. 311, C. civ.) et dont « l'influence est limitée aux règles qui sont dans le do-

(1) Arnault, p. 59.

(2) Labbé, sous Cass., 18 août 1893, S. 1894.1.6.

maine des conventions matrimoniales (1) » qui abroge les règles antérieures et en établit de nouvelles ; pour les autres, la séparation de corps n'apporte pas de modifications aux règles qui, dérivant du mariage lui-même, doivent durer autant que lui, c'est ce qui se produit pour l'hypothèque légale de la femme; mais la séparation de corps fait encourir certaines déchéances, comme la perte des droits de succession du conjoint survivant (art. 767, C. civ.) et, depuis la loi de 1893, met fin à la nécessité de l'autorisation maritale en rendant à la femme le plein exercice de sa capacité civile (art. 311, C. civ. modifié par la loi du 16 février 1893).

Quel est le moment où se produisent ces divers effets ?

35. En matière de divorce, nous retrouvons cette même dualité d'intérêts.

La disposition de l'article 252 du Code civil, modifié par la loi du 18 avril 1886, d'après laquelle le jugement ou arrêt de divorce dûment transcrit remonte, quant à ses effets entre époux, au jour de la demande, ne paraît, il est vrai, faire aucune distinction, mais la doctrine et la jurisprudence en ont très nettement déterminé la portée.

Dès 1890, M. Massigli expliquait que la rétroactivité des effets du divorce au jour de la demande « se restreint aux rapports pécuniaires créés entre les époux par leurs conventions matrimoniales. C'est là le domaine spécial qui lui a été assigné par le rapporteur de la commission du Sénat qui a introduit la disposition dans la loi ; elle a pour but « d'enlever aux époux la faculté de modifier en ce qui les concerne, le patrimoine de la communauté, en avançant ou retardant suivant certaines combinaisons le moment où la décision des juges sera définitive » et la ré-

(1) Stouff, *Revue critique*, 1887 (tirage à part), p. 2.

troactivité du jugement de divorce doit d'autant plus se limiter à cet objet qu'elle a un caractère exceptionnel, puisque les jugements déclaratifs d'un état antérieur doivent seuls rétroagir, et non pas ceux qui constituent un état de choses nouveau entre les parties.

« La rétroactivité établie par l'article 252 ne concerne donc pas les rapports personnels des époux : les droits et les obligations qui naissent du mariage ne sont pas considérés comme effacés à compter du jour de la demande (1). »

Pour M. Colmet de Santerre : « Il est certain qu'en employant dans l'article 252 les expressions de l'article 1445, les rédacteurs de la loi de 1886 n'ont pas voulu protéger d'autres intérêts que ceux qui sont sauvegardés par l'article 1445. En parlant des effets, entre époux, du divorce régulièrement transcrit, ils ont songé particulièrement aux effets que la dissolution du mariage produit par rapport à la composition active et passive de la communauté; à ce point de vue il fallait que les époux, et particulièrement la femme, ne souffrissent pas des lenteurs de la justice ; voilà pourquoi le jugement remonte au jour de la demande (2).

Mais la formule de la loi a été plus loin que sa pensée ; la rétroactivité empruntée à l'article 1445 ne concerne que les biens des époux et laisse intact le principe que l'union des personnes est dissoute seulement par le jugement de divorce dûment transcrit. »

La Cour de cassation a nettement affirmé l'interprétation qu'il fallait donner à ce paragraphe 5 par l'arrêt du 18 avril 1893 : « Cette disposition n'a été édictée que dans le dessein, déjà prévu à l'article 1445 du même Code, de priver le mari notamment des moyens de modifier arbi-

(1) Massigli, *Revue critique*, 1890, p. 454.
(2) Colmet de Santerre, t. I, n° 378 *bis*, VI, p. 538.

trairement le patrimoine de la communauté pendant la durée de l'instance ; elle concerne donc exclusivement les biens, sans apporter aucune modification aux droits et devoirs des époux, tant que subsiste l'union conjugale, et, par conséquent, à la nécessité pour la femme d'obtenir l'autorisation dans le cas où elle est exigée (1). »

Dans une remarquable note annexée à cet arrêt, M. Labbé résumait les conséquences de cette distinction : « Les effets pour lesquels la rétroactivité, au jour de la demande, a été admise, sont uniquement les effets pécuniaires, et non les effets moraux. Le règlement de la communauté sera fait, la composition du patrimoine commun ou propre des époux par suite du régime adopté, sera constituée en se reportant au jour de la demande. Les actes par lesquels le mari aurait, durant l'instance, diminué par des aliénations ou par des dettes contractées l'actif de la communauté, seront réputés non avenus. Sous le régime de la communauté légale, les successions mobilières échues à l'un ou à l'autre des époux pendant les délais du procès ne feront point partie de la masse commune à diviser (2).

M. Massigli, dans son examen doctrinal de cette nouvelle jurisprudence, après avoir reproduit les déclarations qu'il avait émises dans l'examen doctrinal de 1890, exprimait le regret que la loi n'eût pas fixé le point de départ de la dissolution du mariage par une disposition expresse: « une loi attentivement rédigée aurait dû régler par une disposition formelle un point aussi considérable dans la théorie du divorce. C'est la pire manière d'écrire les lois celle qui favorise les procès. »

La critique est juste, mais il n'en est pas moins certain que la rétroactivité ne s'applique qu'au règlement des intérêts pécuniaires.

(1) Cass., 18 avril 1893, S. 1895.1.6.
(2) Labbé, note sous Cass., 18 avril 1893, S. 1894.1.5.

36. Quant aux effets moraux, il est certain que la rétroactivité ne peut s'y appliquer, car il est admis aujourd'hui unanimement par la doctrine et par la jurisprudence que le divorce n'est définitif que par la transcription (1) : la situation nouvelle qui en résulte au point de vue des effets moraux du mariage dissous ne peut dater que du jour de la transcription du jugement de divorce devenu définitif sur les registres de l'état civil.

« A défaut par les parties d'avoir requis la transcription dans le délai de deux mois, le divorce est considéré comme nul et non avenu » (art. 252, § 4, C. civ. modifié par la loi du 18 avril 1886). D'autre part : « l'action en divorce s'éteint par le décès de l'un des époux survenu avant que le jugement soit devenu irrévocable par la transcription sur les registres de l'état civil » (art. 244 *in fine*, C. civ. modifié par la loi du 18 avril 1886). Ces deux dispositions prouvent péremptoirement que la dissolution du mariage par le divorce n'a lieu que par la transcription ; cette formalité a remplacé la prononciation du divorce par l'officier d'état civil.

C'est la transcription qui rend le divorce irrévocable ; c'est la transcription qui dissout le mariage, et par conséquent c'est à ce jour que les obligations qui en dérivent cessent d'exister ; le jugement de divorce ne produit donc ses effets, sauf l'exception restrictive de l'article 252, § 5, qu'à la date de la transcription (2).

« La rétroactivité établie par l'article 252 ne concerne pas les rapports personnels des époux, disait M. Massigli, dès 1890, les droits et les obligations qui naissent du mariage ne sont pas considérés comme effacés à compter du jour de la demande ; il y en a même une preuve posi-

(1) Par conséquent après l'arrêt de rejet du pourvoi en cassation, quand il y a eu pourvoi. Cass. civ., 5 août 1896, S. 1897.1.129.

(2) Allain, *Des effets du jugement de divorce*, p. 100 et suiv.

tive dans une autre disposition qui a été révisée elle aussi par la loi du 18 avril 1886, nous voulons parler de l'article 313 du Code civil. Il laisse subsister, sauf à la rendre extrêmement fragile, la présomption *pater is est...* au profit de l'enfant conçu pendant la durée de l'instance en divorce : c'est que le lien matrimonial ne doit pas être considéré comme dissous avant le jugement (1). »

S'agit-il, écrivait M. Labbé en 1893, du délai à observer par la femme entre la dissolution du mariage et un convol en secondes noces (2) ; s'agit-il de la fidélité conjugale et de la répression de l'adultère (3) ; s'agit-il du principe de l'autorité maritale (4), en d'autres termes, sous tout autre rapport que celui des intérêts pécuniaires, le paragraphe discuté, la rétroactivité dont il parle au jour de la demande, sont absolument inapplicables (5).

37. Cette interprétation est *a fortiori* applicable à la séparation de corps (6).

Ceci nous paraît évident pour plusieurs motifs :

1° Les raisons de décider sont les mêmes : dans les deux cas, l'effet rétroactif est utile afin d'éviter que le mari et peut-être même l'époux demeuré au domicile conjugal puisse compromettre la situation pécuniaire résultant du mariage.

2° Toute la controverse que nous avons exposée plus haut est relative au point de départ de la séparation de biens ; la jurisprudence n'avait pris comme base de son système l'article 1445 qu'en ce qui concerne la sépara-

(1) Massigli, Examen doctrinal, *Revue critique*, t. XIX, 1890, p. 454.

(2) Trib. civ. de la Seine, 16 mai 1895, D. 1896.2.246.

(3) Voir tout récemment encore, Trib. civ. de la Seine (11e chambre), 9 janvier 1899, S 1899.2.84.

(4) Cass., 18 avril 1893, S. 1894.1.5.

(5) Labbé, note dans Sirey, 1894.1.6.

(6) Voyez Carpentier, *Rép. alph.*, v° *Divorce et séparation de corps*, n° 3265.

tion de biens résultant de la séparation de corps : ce sont donc uniquement les effets pécuniaires qu'elle avait en vue.

3° Dans l'examen doctrinal de la jurisprudence civile de 1890 que nous avons cité plus haut, M. Massigli, pour montrer que la rétroactivité, édictée par l'article 252 du Code civil, se restreint aux rapports pécuniaires créés entre les époux par leurs conventions matrimoniales, expliquait que la rétroactivité des effets du divorce au jour de la demande n'a de portée que dans la mesure où la jurisprudence de la Cour de cassation, sous la pression des besoins de la pratique et pour protéger chacun des époux contre des calculs d'intérêts faciles à concevoir dans leur état d'hostilité, admet depuis longtemps déjà une rétroactivité des effets de la séparation de corps.

C'est, en effet, la règle de la rétroactivité telle que la jurisprudence la dégageait applicable à toute séparation de biens accessoire à la séparation de corps que M. Labiche a déclaré vouloir appliquer au divorce et il a soigneusement indiqué que cette règle se restreignait au règlement des intérêts pécuniaires, dans les rapports entre époux seulement.

38. Donc un premier point est acquis, c'est que le jugement de séparation de corps remonte, quant à ses effets entre époux, au jour de la demande, mais quant à ces effets seulement.

39. Mais, pour les effets personnels ou moraux, au contraire, le jugement de séparation de corps ne peut pas plus rétroagir que le jugement de divorce : constitutif de droits nouveaux, il ne peut produire ses effets à cet égard rétroactivement : il y a une impossibilité matérielle à supposer rétroactivement établie une situation nouvelle.

Le principe est certain, et, même avant 1886, la docrine (1) et la jurisprudence (2) étaient en ce sens,

Mais quel est donc le moment où le jugement produira ces effets?

Nous croyons que ce moment est celui où le jugement sera devenu irrévocable.

Or, aux termes de l'article 244 *in fine*, « l'action en divorce s'éteint par le décès de l'un des époux survenu avant que le jugement soit devenu irrévocable par la transcription sur les registres de l'état civil », et cet article est applicable à la séparation de corps en vertu de l'article 307 du Code civil.

Cette disposition va nous servir pour indiquer le moment où la séparation de corps est acquise irrévocablement.

Sans doute on peut faire observer qu'il est difficile de déclarer commune avec le divorce une disposition qui vise expressément une formalité spéciale au divorce, c'est-à-dire la transcription (3).

Mais la jurisprudence antérieure était déjà en ce sens (4); c'est l'idée de pardon qui a inspiré la réforme du législateur et elle se retrouve dans la séparation de corps comme dans le divorce, enfin l'article 307 est formel.

La conséquence est que le principe est le même dans la séparation de corps comme dans le divorce : le jugement de divorce n'est irrévocable que du jour où, devenu définitif, c'est-à-dire après être passé en force de chose jugée, il est transcrit sur les registres de l'état civil ; la séparation de corps devrait n'être irrévocable que du jour où,

(1) Massol, p. 222, note 1.

(2) Cass., 18 juin 1877, S. 1877.1.406 ; Paris, 12 janvier 1882, S. 1882.2. 115. — Cf. Labbé, note dans Sirey, 1894.1.6, 2e colonne.

(3) Carpentier, *Rép. alph.*, v° *Divorce et séparation de corps*, n° 1859.

(4) Paris, 7 juillet 1870, S. 1871.2.46 ; Bordeaux, 27 janvier 1873, S. 1873. 2.267.

après être passée en force de chose jugée, elle serait transcrite sur les registres de l'état civil.

La transcription n'étant pas exigée pour la séparation de corps et la publicité, édictée par l'article 880 du Code de procédure civile pour le jugement, ne paraissant pas exigée à peine de nullité du jugement, il faut décider que le jugement de séparation de corps sera irrévocable, que la séparation sera acquise au moment où le jugement sera devenu définitif, et ce mot doit être pris ici dans le sens de : jugement passé en force de chose jugée (arg. des art. 248 et 252, C. civ.).

C'est donc au moment où le jugement sera passé en force de chose jugée que ses effets personnels ou moraux se produiront.

40. Ceci d'ailleurs n'est pas spécial au jugement de séparation de corps, le même résultat se produit dans tous les jugements constitutifs de droits, notamment à l'occasion des jugements de validité d'une saisie-arrêt (1).

Le jugement de validité de saisie-arrêt dessaisit le débiteur des sommes arrêtées pour en faire attribution et transport au saisissant, mais à la double condition, d'une part, que le jugement de validité soit signifié au tiers saisi, par application de l'article 1690 du Code civil, et, d'autre part, que le jugement de validité soit passé en force de chose jugée (2).

41. Le principe de la rétroactivité ne s'applique pas d'ailleurs d'une manière absolue à tous les intérêts pécuniaires.

La séparation de corps emporte toujours séparation de biens, c'est la séparation de biens qui rétroagit au jour de la demande (art. 1445, C. civ.). Or nous savons que la séparation de biens a pour effet essentiel de modifier les

(1) Cass. civ., 27 novembre 1894, S. 1896.1.489.
(2) Cass. civ., 27 novembre 1894, S. 1896.1.489.

règles qui dépendent des conventions matrimoniales (1). C'est à ces intérêts pécuniaires seuls, dérivant des conventions matrimoniales, que la rétroactivité peut s'appliquer.

A propos du divorce, M. Paul Pic (2) disait : « De même que le jugement de séparation de corps qui ne rétroagit pas a pour corollaire la séparation de biens qui rétroagit, de même le jugement de divorce dissout le mariage, *ex nunc*, sans rétroactivité, mais il dissout rétroactivement, *ex tunc*, la communauté ou plus généralement le régime matrimonial adopté par les époux. »

La rétroactivité doit être limitée aux rapports créés par les conventions matrimoniales, dit aussi M. Coste (3) : « Elle n'atteint en aucune façon l'état d'époux et les droits qui en dérivent, quelle que soit la nature de ces droits, eussent-ils même un caractère pécuniaire ; car les droits même pécuniaires qui dérivent de l'état d'époux sont nécessairement mélangés de personnalité. »

La même règle doit être appliquée à la séparation de corps : pour les intérêts pécuniaires indépendants des conventions matrimoniales, la rétroactivité n'est pas applicable et le jugement ne produit ses effets qu'au moment où il est passé en force de chose jugée.

42. Il ne faut pas oublier non plus que la rétroactivité ne peut produire ses effets à l'égard des tiers.

La séparation de biens, qui est l'accessoire et la conséquence nécessaire de la séparation de corps, au lieu de remonter à l'égard des biens au jour de la demande, ne produit d'effet vis-à-vis d'eux qu'à partir du jour où le jugement a été rendu public de la manière prescrite par l'article 880 du Code de procédure civile (4).

(1) Stouff, *Revue critique*, 1887, p. 2.

(2) Paul Pic, *Jurisprudence du divorce*, février 1887, p. 34.

(3) Coste, *Point de départ des différents effets du divorce*, p. 94.

(4) Boitard, Colmet d'Aage et Glasson, t. II, n° 1116 *in fine*, p. 641. Paris, 12 janvier 1882, S. 1882.2.116.

43. En résumé, la réponse à la question que nous avons posée en tête de ce chapitre ne saurait être uniforme pour toutes les personnes en cause et tous les intérêts en jeu.

Le jugement de séparation de corps produit ses effets :

1° *Au jour de la demande*, quant à ses effets pécuniaires entre époux quand les effets pécuniaires dérivent des conventions matrimoniales.

2° *Au jour où le jugement est passé en force de chose jugée*, quant à ses effets personnels ou moraux et aussi quant à ses effets pécuniaires dérivant du mariage et non des conventions matrimoniales.

3° *Au jour où le jugement a été rendu public*, conformément aux articles 880 et 872 du Code de procédure civile, et 56 du Code de commerce, quand il s'agit des effets pécuniaires *à l'égard des tiers*.

Il nous reste à déterminer :

1° Ce que nous devons entendre par jour de la demande.

2° A quel moment un jugement peut être considéré comme jugement passé en force de chose jugée.

3° Quels sont les tiers à l'encontre desquels le jugement ne peut être exécuté s'il n'a été publié.

Ces trois questions vont faire l'objet des trois chapitres suivants.

CHAPITRE III

QUE FAUT-IL ENTENDRE PAR JOUR DE LA DEMANDE ?

44. Nous avons vu que le jugement de séparation de corps remonte, quant à ses effets pécuniaires entre époux, au jour de la demande.

Que faut-il entendre par jour de la demande ?

Il semble à première vue qu'aucune discussion ne puisse avoir lieu sur ce point : « dans tous les cas, la demande en justice consiste dans un exploit d'huissier par lequel le demandeur invite son adversaire à comparaître en justice et lui signifie l'objet et les motifs de sa prétention ; formalité essentielle sans laquelle la lutte ne serait pas égale entre les deux parties, dont l'une poursuivrait ses avantages sans que l'autre fût en état de se défendre. Et cette règle s'applique dans le cas même où l'instance débute par une requête adressée au président du tribunal : l'objet de cette requête est seulement d'obtenir la permission d'assigner (1). »

Par conséquent il semble que, par jour de la demande, il faut entendre, ici comme ailleurs et quelles que soient les formalités qui précèdent la demande en séparation de corps, le jour où est envoyé au défendeur, l'acte d'assignation par lequel le demandeur invite son adversaire à comparaître devant le tribunal pour entendre prononcer la séparation de corps contre lui.

Mais notre question n'a pas été résolue aussi simple-

(1) Garsonnet, § CCXLVIII, t. II, p. 241 et note 4.

ment et elle a soulevé, au contraire, dans la doctrine et la jurisprudence, de très vives controverses.

45. Remarquons d'abord, avec M. Garsonnet, que : « la demande en séparation de corps peut se présenter, en fait, de cinq manières différentes, la question de savoir si elle est recevable en droit, sous toutes ses formes, étant réservée ;

1° Un seul des époux la demande ;

2° Il demande principalement le divorce et subsidiairement la séparation de corps (1) ;

3° Il demande le divorce, puis, au cours de l'instance, convertit sa demande en demande en séparation de corps ;

4° Les deux époux demandent simultanément l'un contre l'autre, celui-ci le divorce, celui-là la séparation de corps ;

5° A la demande en divorce ou en séparation de corps formée contre lui l'époux défendeur répond par une demande reconventionnelle en séparation de corps.

(1) Sous cette forme la demande n'est pas d'après la jurisprudence recevable ; la Cour de cassation a décidé que l'époux demandeur en divorce ne peut formuler des conclusions subsidiaires pour demander la séparation de corps au cas où le divorce lui serait refusé. — Cass. civ., 30 juin 1886, S. 1886.1.401 ; Cass., 22 février 1888, S. 1888.1.374 ; Paris, 8 mars 1890, D. 1891.2.131.

La Cour de cassation s'est appuyée dans son arrêt du 30 juin 1886, pour la décider ainsi sur ce que « le but respectif des deux actions est absolument contradictoire, l'une tendant à la rupture du lien conjugal, l'autre à son maintien dans des conditions spéciales », et ajoutant que « les formes de procédure n'étant pas les mêmes, il était impossible de réunir les deux demandes dans la même instance ».

M. Planiol a très justement fait observer que cette considération avait sa valeur autrefois, mais que la différence signalée n'est plus maintenant qu'un souvenir, et il faut chercher ailleurs des arguments. « Il n'y en a pas d'autre que celui-ci, dit notre savant maître. Le système général du Code est de laisser le choix aux époux désunis entre le divorce et la séparation. C'est à eux à choisir, suivant leurs intérêts ou leurs croyances. Le tribunal n'a à apprécier que les *causes* de la demande et non son opportunité ou son but. On violerait l'esprit de la loi en déplaçant l'option qu'elle a voulu accorder aux parties pour la transporter au tribunal. Planiol, *Revue critique*, 1887, p. 709 à 713.

On pourrait supposer encore qu'une demande en conversion étant formée contre lui, l'époux défendeur demande simultanément et reconventionnellement la séparation de corps (1).

46. Mais, quelle que soit la forme sous laquelle la séparation de corps est demandée, il nous paraît évident que toutes ces hypothèses peuvent se grouper sous deux catégories principales :

1° La séparation de corps est demandée par voie d'action principale ;

2° La séparation de corps est demandée par voie de demande reconventionnelle en réponse à une action en séparation de corps ou même à une action en divorce.

A quel moment se place le jour de la demande dans chacun de ces deux cas ?

47. Premier cas. — La séparation de corps est demandée par voie d'action principale.

Dans ce cas, que faut-il entendre par jour de la demande ?

Trois opinions ont été émises en réponse à cette question : nous allons les examiner successivement, puis nous indiquerons celle qui nous paraît la plus conforme aux principes juridiques et à la loi.

48. Première opinion. — C'est la requête présentée par l'époux demandeur au président du tribunal pour être autorisé à citer l'époux défendeur en conciliation, qui constitue le premier acte de l'instance en séparation de corps (2) et, par suite, c'est au jour où la requête est présentée que se place le jour de la demande.

D'après certains auteurs, l'instance doit être tenue pour commencée dès que la requête a été présentée, car, rédigée par un avoué, bien que présentée par le demandeur

(1) Garsonnet, *Traité de procédure*, § 1361, t. VI, p. 472.
(2) Voir Cass., 8 décembre 1880, S. 1882.1.103.

en personne et contenant les énonciations requises pour un exploit d'ajournement, elle a tous les caractères d'une demande en justice (1) et le président ne joue pas seulement le rôle de conciliateur, puisqu'il rend, en vertu de l'article 238 du Code civil, sur la résidence de l'époux demandeur, la garde provisoire des enfants, la remise des effets personnels et les demandes d'aliments, des ordonnances ayant force exécutoire, même par provision et susceptibles d'appel (2).

On doit en conclure, dans tous les cas, que les parties sont dès ce moment en instance (3).

La Cour de cassation a adopté aussi cette opinion, notamment dans son arrêt du 8 décembre 1880, par ce motif : « que c'est en sa qualité de membre du tribunal civil que le président reçoit la requête introductive de l'instance en séparation de corps ; que cette requête, qui est nécessairement présentée par le ministère d'un avoué, doit, aux termes de l'article 875 du Code de procédure civile, contenir les faits sur lesquels la demande en séparation est fondée, et que les pièces à l'appui doivent y être jointes ; qu'elle constitue ainsi, du moment où l'époux défendeur en est touché, le premier acte de l'instance soumise à la juridiction du tribunal (4) ».

Cette opinion a été défendue avec plus de force encore depuis la loi du 18 avril 1886 : « En armant en effet le président de pouvoirs nouveaux dès la première comparution des parties, dit M. Carpentier (5), la loi du 18 avril

(1) Cass., 8 décembre 1880, S. 1882.1.103 ; Paris (motifs), 5 août 1886, S. 1888.2.55 ; Paris, 5 février 1889, S. 1889.2.30.

(2) Paris (motifs), 5 février 1889, S. 1889.2.30.

(3) Garsonnet, note sous Cass., 1er juin 1891, S. 1892.1.130.

(4) Cass. req., 8 décembre 1880, S. 1882.1.103. Voir en matière de divorce, Cass., 1er juin 1891, *Le Droit*, 19 septembre 1891, Paris, 15 mars 1892, S. 1892.2.72.

(5) Carpentier, *Traité du divorce*, II, n° 159 *in fine*, p. 185.

1886 paraît avoir témoigné du désir de faire remonter aussi haut que possible la protection qu'elle entend accorder aux époux. »

Mais les arguments sur lesquels ce système est appuyé ne nous paraissent pas bien solides.

Sans doute la requête doit être rédigée et présentée par un avoué, mais c'est une précaution imposée par le législateur afin d'éviter des demandes inconsidérées et trop brutales dans la forme comme au fond : l'aide d'un conseil est une garantie d'apaisement, elle ne saurait être considérée comme un acte liant l'instance.

Il en est de même des pouvoirs spéciaux du président ; si l'époux demandeur est obligé de saisir par requête le président, c'est par précaution particulière, afin d'augmenter les chances d'apaisement et de conciliation ; si le président a des pouvoirs plus étendus pour prendre des mesures provisoires importantes, c'est qu'il est nécessaire d'assurer la sécurité et l'ordre à raison d'une situation qui exige des précautions urgentes. Mais la nature de sa juridiction en ce cas n'est pas modifiée.

Quant à l'argument présenté par M. Carpentier, il n'a pas grande valeur en présence des travaux préparatoires et de la discussion qu'ils ont suscités, car on ne peut douter, après les avoir examinés, que le législateur a voulu donner au président les moyens de sauvegarder les intérêts des époux et de leurs enfants, mais qu'il n'a pas entendu donner à un acte préliminaire la force de lier définitivement l'instance.

Enfin ce système paraît injuste pour le défendeur qui ignore la requête et contre lequel peuvent se produire des effets pécuniaires importants à dater d'un acte qui ne lui est pas révélé. La Cour de cassation paraît l'avoir si bien compris qu'elle déclare ne reconnaître dans la requête le premier acte de l'instance que « du moment où l'époux défendeur en est touché ».

49. Deuxième opinion. — L'instance est liée, et, par conséquent, il faut entendre par jour de la demande, le jour où la situation en conciliation devant le président est envoyé à l'époux défendeur (art. 876, C. proc. civ., art. 238 et 307, C. civ.).

Dans un arrêt du 15 mars 1892, la Cour de Paris a jugé qu'il est de règle et de principe, en droit, que l'instance en divorce ou en séparation de corps doit être réputée introduite, non en vertu de l'exploit qui a saisi le tribunal de l'action principale, mais par l'assignation signifiée à son conjoint par l'époux demandeur à comparaître devant le président chargé, non seulement de l'essai de conciliation, mais encore de statuer à charge d'appel sur certaines questions rentrant dans ses pouvoirs de juridiction (1).

Les partisans de ce système s'appuient sur ce que la tentative de conciliation prescrite en matière de séparation de corps ne peut être assimilée au préliminaire de conciliation réglé par les articles 48 et suivants du Code de procédure civile (2).

C'est, en effet, après requête contenant l'exposé des faits avec pièces à l'appui et sur ordonnance portant que les parties comparaîtront devant le président au jour indiqué par l'ordonnance (art. 875 et 876, C. proc. civ.) que cette citation en conciliation peut être envoyée à l'époux défendeur (art. 307 et 238, C. civ.).

C'est devant le président du tribunal et non devant le

(1) Paris, 15 mars 1892, S. 1892.2.72. — Voir aussi Toulouse, 29 juin 1882, D. 1883.2.146. Dans cet arrêt, la Cour de Toulouse a considéré que, entre les conjoints, la séparation de biens accessoire à une séparation de corps pouvait dater du jour où l'époux défendeur avait reçu notification de l'ordonnance du président du tribunal avec sommation de comparaître devant ce magistrat.

(2) Garsonnet, § 1367, t. VI, p. 512.

juge de paix que cette citation est faite, et les parties doivent comparaître en personne (art. 238, C. civ.).

Cette formalité est requise à peine de nullité de la demande et du jugement de séparation de corps, et ce n'est qu'après avoir entendu les époux, ou constaté chez le défendeur le refus de comparaître, que le président peut accorder au demandeur l'autorisation d'assigner (art. 238, C. civ.).

Enfin, on fait observer que l'ordonnance rendue par le président à la suite de la tentative de conciliation, au cas de non-conciliation ou de défaut, constitue une véritable décision judiciaire, susceptible d'appel d'après le texte même de l'article 248 du Code civil (1), modifié par la loi du 18 avril 1886, et qui ne peut en rien être assimilée au procès-verbal prescrit par l'article 54 ou par l'article 58 du Code de procédure civile.

On peut donc comprendre que la citation en conciliation prescrite par les articles 875 et suivants du Code de procédure civile et les articles 307 et 238 du Code civil, produise des effets plus importants que ceux qui sont indiqués dans les articles 57 du Code de procédure civile et 2245 du Code civil, pour la citation en conciliation ordinaire.

Mais il est facile de répondre que c'est par mesure d'ordre public que ces formalités sont exigées.

« L'ordre public serait peu satisfait, disait Berlier, si l'on ne procédait aux voies conciliatrices que comme dans les causes ordinaires. Il faut ici, à raison de la gravité des circonstances, un magistrat plus éminent pour exercer le ministère de paix et de conciliation. Il devra entendre les époux non par l'organe de conseils et d'avoués qui, en leur supposant les vues les plus pacifiques, ne

(1) Cass., 1er juin 1891, S. 1892.1.131.

pourraient suppléer les parties; les époux seront donc tenus de comparaître en personne, et le juge tentera de les rapprocher (1).

Et le législateur de 1886 exprimait les mêmes idées : « Plus le divorce est chose grave, au point de vue de la famille comme au point de vue de la société, plus il importe de prémunir les parties elles-mêmes contre leurs entraînements et leurs passions. Il était donc indispensable que la procédure nouvelle ne négligeât aucune des garanties utiles, il ne fallait pas qu'une *demande en divorce* pût être introduite légèrement, il était nécessaire de laisser aux époux le temps de réfléchir et de donner au magistrat la possibilité d'intervenir pour l'accomplissement de sa haute mission de conciliation. »

La solennité de cette tentative de conciliation, la nécessité de s'y soumettre à peine de nullité, l'importance du juge compétent, l'étendue de ses pouvoirs sont pleinement justifiées par la gravité des intérêts en jeu, mais de ce que les formes sont plus solennelles il ne s'ensuit nullement que cette tentative de conciliation ait perdu son caractère de mesure préliminaire à l'instance et qu'il soit nécessaire de voir dans la citation qui la prépare la demande qui lie l'instance.

A vrai dire, la base la plus solide de ce système c'est que, d'après la jurisprudence, la compétence du tribunal serait fixée du jour où le défendeur a répondu à la citation en conciliation.

On soutient que le président fait acte de juridiction, comme délégué du tribunal pour la première période de l'instance, qu'il ne peut statuer sur les graves questions qui lui sont soumises que parce qu'il est président du tri-

(1) *Exposé des motifs*, dans Locré, t. XXIII, p. 156.

bunal du domicile, et qu'il a affirmé la compétence du tribunal en affirmant la sienne (1).

Par suite, c'est devant le président, *in limine litis*, que l'époux défendeur doit opposer l'incompétence à raison du tribunal ; sinon, le vice résultant de l'incompétence est définitivement couvert même au point de vue de l'instance à poursuivre devant le tribunal (2). Le défendeur connaît dès ce moment le tribunal devant lequel il sera sûrement assigné faute de réconciliation, et rien ne l'empêche de développer immédiatement le déclinatoire s'il croit devoir contester la compétence de ce tribunal.

L'exception d'incompétence serait couverte si l'époux défendeur a comparu devant le président du tribunal sans décliner formellement sa compétence, alors même qu'il aurait fait des réserves, dont il lui a été donné acte, relativement au droit de soulever devant le tribunal lui-même l'exception d'incompétence (3).

Les explications, que le défendeur est nécessairement appelé à fournir sur les questions litigieuses qui sont soumises au président et sur les divers points jugés provisoirement par l'ordonnance, doivent être considérées comme des défenses au fond dans les termes de l'article 169 du Code de procédure civile (4).

Il en résulte en outre que le changement de domicile du mari, postérieur à la notification qui lui est faite de la requête présentée au président du tribunal par la femme demanderesse et répondue d'une ordonnance autorisant

(1) Paris, 5 août 1886, S. 1888.2.55 ; Paris, 5 février 1889, S. 1889.2.30; Cass., 1er juin 1891, S. 1892.1.129 et note de M.Garsonnet ; Paris, 15 mars 1892, S. 1892.2.72.

(2) Grenoble, 2 mai 1891, S. 1893.2.177 ; Trib. de Nice, 26 juin 1885, *Gaz. Pal.*, 1886, p. 81.

(3) Paris, 15 mars 1892, S. 1892.2.72 ; Cass., 1er juin 1891, S. 1892.1.129.

(4) Paris, 5 août 1886, S. 1888.2.56 ; Paris, 15 mars 1892, S. 1892.2.72.

la citation en conciliation, n'est pas de nature à modifier la compétence du tribunal primitivement saisi (1).

Etant données ces décisions de la jurisprudence sur la question connexe de compétence, il était logique d'admettre que la citation en conciliation a pour effet de lier l'instance et de saisir le tribunal, que cette citation constitue par suite la demande et que c'est au jour de cette citation que remonte l'effet du jugement de séparation de corps.

50. Nous croyons cependant que cette jurisprudence n'est pas fondée.

a) En premier lieu, nous croyons que l'incompétence du tribunal ne peut être couverte par la comparution du défendeur devant un président autre que celui du domicile.

En s'expliquant, sans assistance d'avoués, sur des mesures provisoires qui ne préjugent rien du fond du débat, les parties n'ont certainement pas l'intention d'accepter irrévocablement la compétence du tribunal. Il ne faut pas oublier d'ailleurs que les parties, devant le président du tribunal, comparaissent en personne et sans l'assistance de leurs conseils légaux ; en conséquence, elles ne peuvent formuler leurs réserves et leurs défenses d'une manière légale, c'est-à dire par voie de conclusions (3).

Enfin le consentement à des mesures provisoires n'empêche pas d'opposer plus tard l'incompétence du juge (4), surtout si elle fait l'objet de réserves de la part du défendeur.

(1) Paris, 5 août 1886, S. 1888.2.53 et note 1 ; Cass., 8 décembre 1880, S. 1882.1.103 ; Grenoble, 2 mai 1891, S. 1893.2.177 ; Paris, 15 mars 1892, S. 1892.2.72.

(2) Note dans Sirey, 1893.2.177.

(3) Trib. de la Seine, 30 janvier 1886, S. 1888.2.55.

(4) Cass., 21 avril 1884, S. 1886.1.206.

D'autre part, cette question de compétence du président est indépendante de la question de fond.

Le président a, en cette matière, une compétence toute spéciale, limitée par l'article 238 du Code civil, aux mesures provisoires concernant la résidence de l'époux demandeur, la garde provisoire des enfants, la remise des effets personnels et, s'il y a lieu, la demande d'aliments ; ces mesures essentiellement provisoires ne touchent en rien au fond du débat (1) et il faut remarquer en outre que cette compétence elle-même n'est que provisoire.

A partir du moment où le tribunal est saisi, c'est-à-dire à partir du moment où l'assignation en divorce ou en séparation de corps a été lancée, et où le délai donné au défendeur pour comparaître est expiré, la compétence pour statuer sur les mesures provisoires appartient au tribunal et non plus au président (2).

L'article 238 du Code civil, en tire cette conséquence que : « lorsque le tribunal est saisi, les mesures prescrites par le juge peuvent être modifiées au cours de l'instance, par jugement du tribunal ».

Si la jurisprudence dont nous avons indiqué les décisions était fondée, il faudrait admettre que, conformément à l'article 238 du Code civil, toutes les décisions prises par le président sur les matières prévues par la loi sont susceptibles d'être modifiées par le tribunal, à son gré, dès qu'il est saisi, tandis que, au contraire, la décision prise sur la compétence, matière pour laquelle la loi n'a pas donné pouvoir de statuer au président, serait irrévocable, serait l'unique décision que le tribunal n'aurait pas le droit de modifier, n'aurait même pas le droit d'examiner !

Il y a plus : il faudrait admettre qu'en écoutant les ré-

(1) Trib. de la Seine, 30 janvier 1886, S. 1888. 2.55 et 56.

(2) Rapport de M. le conseiller Faure Biguet sur Cass., 29 juin 1892, S. 1893.1.242.

clamations et les réponses de deux époux le président a le pouvoir d'affirmer, en outre de sa compétence la compétence du tribunal et même la compétence de la Cour d'appel sur le fond de l'affaire et de lier le tribunal et la Cour sur la question de compétence.

Ces conséquences sont si absurdes que leur constatation suffit à condamner le système de la jurisprudence.

Aussi croyons-nous beaucoup plus exacte la théorie d'après laquelle l'incompétence peut être opposée même après la conciliation et nous déciderons que le défendeur est fondé à opposer une exception d'incompétence après l'exploit d'ajournement dont le tribunal est saisi par l'époux demandeur et avant toute défense au fond (1).

B. En second lieu, même en admettant les décisions de la jurisprudence relativement à la compétence, nous croyons qu'il n'en résulte pas nécessairement que la citation en conciliation doive être considérée comme l'acte introductif de l'instance, comme la demande elle-même.

On peut s'appuyer pour le soutenir, ainsi que le fait M. Baudry-Lacantinerie (2), sur ce que la procédure de divorce ou de séparation de corps ne doit pas être scindée, sur ce qu'une partie de cette procédure ne peut pas se dérouler devant un tribunal, et l'autre devant un tribunal différent. La compétence doit être définitivement réglée d'après l'état de choses existant au jour où a été accompli le premier acte régulier de la procédure, par conséquent à une époque antérieure à la demande.

Peut-être pourrait-on soutenir cette solution sans considérer l'instance comme déjà engagée, en faisant remarquer, dit M. Garsonnet, qu'il n'est pas sans exemple que l'incompétence *ratione personæ* soit couverte avant que

(1) Trib. de la Seine, 30 janvier 1886, S. 1888.2.55 et 56. Cf. Curet, *Code du divorce*, n° 129.

(2) Baudry-Lacantinerie, *Précis*, t. I (7e édition), n° 853, p. 458.

l'instance soit commencée, c'est ainsi que l'élection de domicile faite dans le ressort d'un tribunal naturellement incompétent *ratione personæ* couvre cette incompétence, et que le défendeur couvre celle de la Cour d'appel en ne proposant pas le déclinatoire devant le tribunal du ressort de cette Cour devant lequel il est assigné en première instance (1).

On peut remarquer enfin, que les décisions de la jurisprudence sont souvent inspirées par les circonstances ou par des considérations d'équité et qu'elles ont pour but d'empêcher les époux de mauvaise foi de se dérober à un débat sur le fond par des changements de domicile successifs, sans rien préjuger de la compétence au fond.

Les deux questions ne sont pas liées d'une façon indissoluble, et c'est sans contradiction aucune que M. Baudry-Lacantinerie a pu décider que la compétence était définitivement arrêtée au moment de la tentative de conciliation tout en affirmant que le jour de la demande signifie le jour où est lancée la citation à comparaître devant le tribunal compétent (2).

51. La nature et l'étendue de la compétence toute spéciale du président fournissent une preuve de plus que l'instance n'est pas liée au jour de la citation en conciliation.

Certains auteurs, pour appuyer plus fortement leur système relatif à la compétence, ont soutenu que le président est juge de sa propre compétence (3).

Mais il nous paraît inadmissible que le président puisse décider seul de la compétence du tribunal et puisse lier à

(1) Garsonnet, note sous Cass., 1er juin 1891, S. 1892.1.129 et 130.

(2) Baudry-Lacantinerie, t. I (7e édition), n° 853, p. 457 et n° 801, p. 427.

(3) Baudry-Lacantinerie, t. I (7e édition), n° 801 *in fine*, p. 427 ; Carpentier, *La loi du 18 avril 1886 et la jurisprudence en matière de divorce*, n° 64. Paris, 5 février 1889, S. 1889.2.30 ; Grenoble, 2 mai 1891, S. 1893.2.177.

la fois son tribunal et même la Cour d'appel. « Si le président tranchait la question de compétence, il en résulterait que le tribunal n'aurait jamais à apprécier sa propre compétence ! En effet, si le défendeur n'interjetait pas appel de l'ordonnance par laquelle le président aurait affirmé sa compétence, il y acquiescerait et se rendrait ainsi non recevable à soulever son exception devant le tribunal. S'il en portait appel, au contraire, et que la Cour confirmât, il y aurait chose jugée, et le tribunal ne pourrait plus se déclarer incompétent sans porter atteinte à la chose jugée par l'arrêt de la Cour. Si la Cour avait infirmé, le tribunal ne pourrait pas davantage se déclarer ensuite compétent sans aller à l'encontre de la chose jugée (1). » Or, ici, il ne s'agit pas de mesures provisoires, variables de leur essence, et que le tribunal pourrait modifier en tout état de cause, mais d'une question de compétence dont la solution ne saurait varier.

Nous pouvons faire remarquer en outre que les articles 168 et suivants du Code de procédure civile supposènt tous que c'est le tribunal qui se prononce sur l'exception de renvoi, laquelle doit être jugée sommairement d'après l'article 172, et qu'il doit en être de même en matière de séparation de corps puisque les articles 239 et 307 disposent que les instances en divorce et en séparation de corps sont instruites et jugées dans la forme ordinaire.

Mais l'argument péremptoire sur lequel s'appuient les arrêts de la Cour de Lyon du 17 mars 1891 et de la Cour de Nîmes du 16 février 1892, c'est « qu'en matière de divorce ou de séparation de corps, la loi du 18 avril 1886, modifiant de nombreux articles du Code civil, a investi le président du tribunal, ou le juge faisant fonctions devant

(1) Appleton, note sous Lyon, 17 mars 1891, S. 1892.2.2.

lequel la demande est portée par l'un des époux, d'une mission spéciale nettement définie, et dont il ne saurait s'écarter sans outrepasser les pouvoirs qui lui sont confiés ; qu'au nombre de ceux-ci ne figure pas le droit de statuer sur sa compétence, de la consacrer ou de la décliner par une ordonnance, et qu'il doit se borner, au cas où elle est contestée, à donner acte au demandeur de l'exception de ses réserves à cet égard ; qu'il est d'autant plus rationnel de décider ainsi que, dans le plus grand nombre de cas, il serait absolument impossible au président de statuer sur l'exception préjudicicielle, de domicile notamment, en pleine connaissance de cause, sans information préalable, et n'ayant pour motiver son ordonnance d'autre base que les dires contraires des parties (1) ».

Ce fait que le tribunal seul peut juger de la compétence est pour nous une preuve de plus que la citation en conciliation n'est pas la demande proprement dite, car, pour que le tribunal statue sur l'incompétence, il faut qu'il soit saisi suivant les formes ordinaires (art. 307, C. civ.) ; or il ne peut l'être que par une assignation.

En réalité, nous voyons là deux instances isolées, distinctes : l'une relative à la conciliation et aux mesures provisoires, instance qui se déroule devant le président seul, l'autre relative à la compétence au fond de l'affaire et accessoirement aux mesures provisoires (2), instance qui suit son cours devant le tribunal : la premièreest ouverte par la citation en conciliation et close par une or-

(1) Lyon, 17 mars 1891, S. 1892.2.2. Cf. Nîmes, 16 février 1892, S.1892. 2.39 et 40.

(2) Il se peut en effet que le tribunal n'ait pas l'occasion de statuer sur ces mesures dans le cours de l'instance. Les mesures provisoires prescrites par l'ordonnance du président en matière de divorce continuent à produire effet, si elles ne sont pas modifiées par le juge du fond, jusqu'au jour où il est intervenu sur le fonds une décision définitive ; le juge du fonds, en ne les rapportant pas, leur conserve par là même tout leur effet. Note dans Sirey, 1898.2.108).

donnance qui, dans l'espèce, donne acte de ce que le déclinatoire d'incompétence a été proposé, renvoie les parties à se pourvoir devant le tribunal et habilite de ce chef la femme à ester devant le tribunal, la deuxième instance est ouverte par l'assignation.

Et la distinction de ces deux instances est si nette que l'introduction de la demande principale en divorce devant le tribunal de première instance ne met pas obstacle à ce qu'appel soit interjeté de l'ordonnance du président statuant sur les mesures provisoires, et à ce que la Cour statue sur l'appel ainsi interjeté (1).

52. Ceci nous apparaît encore plus certain si nous remarquons que le président, s'il n'a pas pouvoir de statuer sur l'exception d'incompétence, doit constater le refus de conciliation et, à cause de l'urgence, ordonner les mesures provisoires (2).

Faute par le président d'avoir statué sur les mesures provisoires, la Cour, saisie de l'appel de l'ordonnance, peut, en infirmant de ce chef, évoquer, la cause étant en état, et prescrire les mesures provisoires que commande la situation des époux (art. 473, C. proc. civ. ; art. 238 et suiv., C. civ.) (3).

Il n'y a pas de discussion à cet égard, mais il y a controverse sur le point de savoir à quel titre le président se jugeant incompétent peut statuer sur les mesures provisoires.

Premier système. — C'est comme juge des référés que le président, malgré l'exception d'incompétence, peut et doit

(1) Cass., 29 juin 1892, S. 1893.1.242 et rapport de M. le conseiller Faure Biguet ; Paris, 24 décembre 1890, S. 1891.2.55 ; Riom, 21 décembre 1891, S. 1892.2.4. En sens contraire, Bordeaux, 12 mai 1896, S. 1897.2.192.

(2) De Belleyme, *Ordonn. sur req. et sur référé*, 3e édit., t. I, p. 316.

(3) Nîmes, 16 février 1892, S. 1892.2.40.

même, à raison de l'urgence, statuer sur les mesures provisoires (art. 806, C. proc. civ.) (1).

M. Appleton (2) a très ingénieusement fait observer que, si le président ne peut, sa compétence étant contestée, statuer en vertu de l'article 238 du Code civil, il peut, comme juge de référé, prendre, s'il y a lieu, les mesures commandées par l'urgence (3). Et, à cet égard, la question de compétence importe peu ; car, en matière de référé, c'est le juge du lieu où les mesures sont commandées par l'urgence qui est compétent pour les ordonner, quel que soit le domicile des plaideurs (4). On peut faire remarquer en outre que l'article 238 ne supprime pas le pouvoir du juge des référés dans les contestations qui peuvent s'élever entre époux (5). Le président peut donc renvoyer les parties et sans procéder à la tentative de conciliation, ordonner, comme juge de référés, et s'il y a urgence manifeste, les mesures qui paraîtront nécessaires, en attendant que le tribunal ait tranché la question de compétence (6).

Cette opinion a été sanctionnée par la Cour de Nîmes dans un arrêt du 16 février 1892.

Deuxième système. — C'est en vertu des articles 238 et suivants du Code civil, que le président a le droit de statuer sur les mesures provisoires, malgré l'exception d'incompétence.

La Cour de Lyon, dans un arrêt du 17 mars 1891, a adopté ce système par ces motifs : « que la juridiction spéciale du président présente le caractère particulier

(1) Nîmes, 16 février 1892, S. 1892.2.40.
(2) Appleton, note sous Lyon, 17 mars 1891, Sirey, 1892.2.1.
(3) Nîmes, 16 février 1892, Sirey, 1892.2.40.
(4) Cass., 20 nov. 1867, Sirey, 1868.1.85 ; Paris, 13 juin 1868, Sirey, 1869.2.16.
(5) Cass., 15 juillet 1879, Sirey, 1880.1.97.
(6) Note dans Sirey, 1893.2.177 sous Grenoble, 2 mai 1891.

qu'elle s'applique seulement à des mesures essentiellement provisoires qui ne touchent pas au fond du litige et sont sujettes à modification ; qu'il est d'ailleurs conforme à l'esprit comme au texte de l'article 238 du Code civil, que le président ne puisse être empêché par aucune exception de remplir sa mission conciliatrice ou de donner défaut ; que, dans l'hypothèse où le président s'attribuerait la faculté de statuer sur sa compétence, il pourrait arriver qu'il se déclarât incompétent, qu'il se mit ainsi dans l'impossibilité de statuer sur les mesures urgentes sollicitées, et qui parfois ont une importance extrême tout aussi bien que d'accorder au demandeur l'autorisation de citer et faire ainsi que le tribunal fût définitivement dessaisi ; qu'en présence des inconvénients, on peut dire des dangers, qu'offrirait cette situation créée par une déclaration d'incompétence, s'impose l'obligation de maintenir les pouvoirs du président dans les limites tracées par la loi (1) ».

Nous n'avons pas l'intention d'entrer dans la discussion de ces deux systèmes, il nous suffit de constater que, dans tous les cas. le président, malgré l'incompétence, a le pouvoir de constater la non-conciliation et d'ordonner les mesures provisoires.

Cette faculté reconnue à un président, même incompétent, de prendre des mesures que le tribunal ne pourrait ordonner dans le même cas, nous paraît une preuve de plus que les pouvoirs du président et du tribunal sont essentiellement distincts, qu'il y a là deux juridictions dont l'une peut être saisie sans que l'autre le soit, deux instances qui sont ouvertes par des actes différents.

Pour ces motifs, il nous paraît évident que la citation n'a pas pour effet de lier l'instance en séparation, et que, par

(1) Lyon, 17 mars 1891, Sirey, 1891.2.2.

conséquent, la citation n'est pas la demande. Ajoutons que ce système conduirait à dénaturer complètement le caractère, la raison d'être et le but de cette tentative de conciliation (1).

Il faut donc nettement rejeter ce deuxième système.

53. Troisième opinion. — Le jour de la demande est le jour où l'assignation à comparaître devant le tribunal est notifiée par l'époux demandeur à son conjoint.

C'est l'opinion la plus suivie (2).

Les arguments sur lesquels elle s'appuie sont les suivants :

1° La citation en conciliation ne peut constituer la demande liant l'instance, parceque cette tentative de conciliation est un préliminaire de l'instance.

Les articles 875 et suivants du Code de procédure civile, à raison de l'importance et de la gravité de la demande en séparation de corps, ont confié au président du tribunal la mission que remplit le juge de paix en toutes autres matières et édicté un ensemble de formalités solennelles remplaçant la tentative de conciliation (3), or il est de jurisprudence constante que le préliminaire de conciliation, édicté par l'article 48 du Code de procédure civile, n'a jamais été considéré comme liant le débat ; il peut même,

(1) « Les parties viendront devant le président plaider la question de compétenee, avec un dossier rempli de consultations d'avocats et de conclusions des avoués, ce qui ne sera guère de nature à amener la conciliation ; ou, s'il n'en est pas ainsi, des questions importantes, difficiles, seront jugées sans débat, sans instructions, sans aucune des garanties qui d'ordinaire entourent les décisions de la justice. » Carpentier, *Rép. Alph.*, v° *Divorce et séparation de corps*, n° 1124.

(2) Rodière et Pont, *Contrat de mariage*, III, n° 858 ; Marcadé, sur les articles 1448 et 1449, n° 1, Baudry-Lacantinerie, *Précis*, III, p. 435 ; Baudry-Lacantinerie ; Le Courtois et Surville, *Traité de droit civil, Du contrat de mariage*, II, n° 971, p. 153 et 154.

(3) Bordeaux, 23 novembre 1880, S. 1881.2.76 ; Trib. Troyes, 10 août 1881, S. 1881.2.220.

dans certains cas, avoir lieu devant un juge autre que celui qui est compétent pour statuer sur le fond du litige ; il n'en saurait être à plus forte raison autrement du préliminaire de conciliation en matière de séparation de corps ; bien loin d'ouvrir et de lier le débat, il a pour objet principal d'essayer de l'empêcher de naître et de s'ouvrir (1).

Les dispositions de l'article 57 du Code de procédure civile, invoquées par analogie, ont un caractère exceptionnel et ne peuvent être étendues à l'essai de conciliation particulier porté en matière de séparation de corps devant le président du tribunal ; au surplus, les effets que l'article 57 attache à la citation en conciliation sont subordonnés au cas où cette citation aura été suivie d'assignation dans le mois, ce qui n'a pas eu lieu dans la cause (2).

« Cette interprétation ressort, non seulement de l'esprit des articles 307 du Code civil et 875 du Code de procédure civile, mais des termes de l'article 878 qui porte qu'après la comparution et en cas de non-conciliation, le président renvoie les parties à se pourvoir sans citation préalable au bureau de conciliation et autorise la femme à procéder sur sa demande ; or la nécessité de cette autorisation est une des conséquences du principe qui veut que la femme mariée ne puisse ester en justice sans y avoir été autorisée ; il en résulte que ces formalités préalables, à défaut desquelles la demande n'aurait pu être introduite, ne sauraient être considérées comme constituant la demande elle-même (3). »

Il est donc manifeste que ces formalités ne constituent pas à proprement parler l'exercice de l'action en séparation de corps ; elles n'en sont que le préliminaire ; l'instance ne commence en réalité que lorsque l'affaire est por-

(1) Trib. Seine, 30 janvier 1886, S. 1888.2.56.
(2) Bordeaux, 23 novembre 1880, S. 1881.2.77.
(3) Trib. Troyes, 10 août 1881, S. 1881.2.220

tée devant le tribunal au moyen de l'ajournement (1); par suite les actes antérieurs à l'exploit d'ajournement ne constituent pas la demande elle-même ; ils n'en sont que les préliminaires.

2° Le président ne peut ordonner que des mesures provisoires, ne touchant pas le fond, par conséquent l'instance sur le fond du débat n'est pas liée devant lui.

On a essayé de soutenir que la conciliation préliminaire formait avec l'instance et les débats un tout indivisible, contrairement au préliminaire de conciliation prévu par l'article 48 du Code de procédure civile, mais nous avons fait remarquer précédemment qu'il y a en réalité deux instances, l'une ayant pour objet la conciliation et les mesures provisoires, l'autre portant sur le fond du débat.

On dit encore que cette demande a des caractères d'une demande en justice puisque le président rend des mesures provisoires susceptibles d'appel et que le président fait acte de juridiction plus que de conciliation. Mais nous avons dit plus haut que la compétence était strictement limitée à ces mesures provisoires et que sa compétence était même provisoire, car elle prend fin dès que le tribunal est saisi.

Nous pouvons faire observer en outre que les mesures provisoires prises au cours des instances en divorce ou en séparation de corps peuvent toujours être modifiées et rétractées dans le cours de ces instances (2). Elles n'emportent donc pas chose jugée ; et les juges qui ont ordonné ces mesures peuvent toujours ou les rétracter ou les modifier sans violer l'autorité de la chose jugée. La faculté de prendre des mesures provisoires appartient au président

(1) Bordeaux, 23 novembre 1880, S. 1881.2.76 ; trib. de Troyes, 10 août 1881, S. 1881.2.220.

(2) Note sous Lyon, 22 mai 1891, Sirey, 1892.2.3.

même incompétent, tout au moins à titre de juge des référés.

Quelle que soit leur importance, ces mesures ne sauraient avoir pour conséquence de changer le caractère de l'ordonnance du président du tribunal (1), et il faut bien reconnaître que l'instance sur le fond ne saurait être considérée comme engagée devant le président.

Il faut remarquer enfin que les parties se présentent sans avoués ni conseils, qu'elles ne peuvent pas prendre de conclusions, que la femme n'est pas encore habilitée ; il en résulte que si, devant le président, l'instance était considérée comme liée au fond, les parties n'auraient pas les garanties habituelles d'une bonne administration de la justice.

En conséquence, la demande ne peut être formulée, et, par conséquent, l'instance ne peut être liée que par un acte postérieur au préliminaire de conciliation, et essentiellement différent et distinct de l'acte constatant la comparution des parties devant le président du tribunal, c'est-à-dire, par l'exploit d'ajournement.

Jusqu'à ce moment, la demande n'est pas encore formée, elle n'est encore que projetée, et il est impossible d'attribuer à la demande en conciliation les mêmes effets qu'à l'exploit d'ajournement.

3° L'article 307 du Code civil dit que la demande sera *intentée*, instruite et jugée de la même manière que toute action civile : il faut donc que la demande soit intentée au moyen d'un ajournement dans les formes ordinaires (art. 879, C. pr. civ.).

C'était l'avis de M. Garsonnet : « La demande s'introduit, en vertu du permis d'assigner, écrivait-il, et lors même qu'elle est formée pour cause de condamnation à

(1) Trib. Seine, 30 janvier 1886, S. 1888.2.55 et 56.

une peine afflictive et infamante, par un exploit d'ajournement rédigé et signifié dans les formes ordinaires (1).

Et c'est avec raison que le tribunal de Troyes a pu juger que l'instance ne commence en réalité que par l'acte introductif soumis, d'après l'article 307 du Code civil, aux formes ordinaires et que c'est évidemment un acte de cette nature, c'est-à-dire un ajournement, que l'article 1445 a entendu viser dans sa disposition finale (2).

4° Dans presque tous les textes de la loi, le mot demande signifie assignation.

Ceci ne nous paraît pas douteux pour l'article 878 du Code de procédure civile, aux termes duquel : « Le président fera aux deux époux les représentations qu'il croira propres à opérer un rapprochement ; s'il ne peut y parvenir, il rendra en suite de la première ordonnance, une seconde portant qu'attendu qu'il n'a pu concilier les parties, il les renvoie à se pourvoir, sans citation préalable au bureau de conciliation ; il autorisera par la même ordonnance la femme à *procéder sur la demande*, etc. » Il ne peut s'agir que de la demande intentée par voie d'ajournement.

On peut aussi tirer argument du texte de l'article 238 du Code de procédure civile : « Lorsque le tribunal est *saisi*, les mesures prescrites par le juge peuvent être modifiées au cours de l'instance, par jugement du tribunal, sans préjudice du droit qu'a toujours le juge de statuer, en tout état de cause, en référé sur la résidence de la femme. Comment le tribunal peut-il être saisi ? Ce n'est pas douteux dans l'espèce ; ce texte fait allusion au cas où le tribunal est saisi après la tentative de conciliation, par conséquent. Ce n'est ni par la requête ni par la cita-

(1) Garsonnet, § 1369, t. VI, p. 519 et 520.
(2) Trib. Troyes, 10 août 1881, S. 1881.2.220.

tion en conciliation que le tribunal est saisi, ce ne peut être que l'ajournement.

Un argument d'analogie peut encore être tiré de l'article 247 du Code civil, relatif au divorce : « Lorsque *l'assignation* n'a pas été délivrée à la partie défenderesse en personne et que cette partie fait défaut, le tribunal peut, avant de prononcer le jugement sur le fond, ordonner l'insertion dans les journaux d'un avis destiné à faire connaître à cette partie la *demande* dont elle a été l'objet ». L'article parle d'abord de l'assignation qu'il qualifie plus loin de demande. Il est bien évident que, dans cet article, demande ne signifie ni requête, ni citation en conciliation, mais seulement assignation devant le tribunal. Mais cet article 247 n'est relatif qu'au divorce.

On peut enfin invoquer un argument d'analogie avec la séparation de biens qui rétroagit au jour de l'assignation (art. 1445, C. civ.). Mais on peut objecter que, dans ce cas, c'est l'assignation elle-même qui est publiée et que cette publicité justifie le point de départ qui est assigné à l'effet rétroactif de la séparation de biens (art. 865, 866, C. pr. civ.). Or, pour la séparation de corps, au contraire, il n'y a aucune publicité de la demande, et par conséquent l'argument d'analogie n'est pas suffisant.

5° Il est équitable de faire remonter aussi haut que possible l'effet rétroactif du jugement, afin d'éviter les fraudes que les époux peuvent commettre sur les biens que chacun d'eux administre.

Mais les articles 242 et 243 du Code civil, édictent des mesures au profit des deux époux pour la période antérieure à l'ajournement. Ces deux articles seraient inutiles si l'effet rétroactif devait remonter au jour de la citation en conciliation (1), car le jour de la citation en concilia-

(1) V. Labbé, note dans Sirey, 1894.1.6.

tion et le jour où sont prises les mesures conservatoires seront les mêmes bien souvent. « Il résulte de ces dispositions protectrices des intérêts de la femme que l'effet rétroactif du jugement ne peut se produire qu'à la date de l'exploit d'ajournement (1). »

En admettant que l'équité ordonne de faire remonter très haut l'effet rétroactif du jugement, il faut reconnaître que l'esprit de la loi n'est pas aujourd'hui conforme à ce vœu.

54. En résumé, le système s'appuie :

1° Sur le but de la tentative de conciliation ;

2° Sur la limitation des pouvoirs du président qui ne peut statuer que sur la conciliation et les mesures provisoires (art. 238, C. civ.), et jamais sur le fond ;

3° Sur la règle que la séparation de corps est intentée suivant les formes ordinaires (art. 307, C. civ.) ;

4° Sur le sens du mot : demande dans tous les textes spéciaux à la séparation de corps et au divorce ;

5° Sur les dispositions des articles 242 et 243 qui sont exclusives de toute rétroactivité.

Pour tous les motifs que nous avons exposés, nous croyons que, par jour de la demande, il faut entendre le jour de l'assignation devant le tribunal.

55. La jurisprudence, dans un but d'équité a admis une exception à cette règle.

Dans le cas où l'instance aurait été interrompue, les effets de la séparation de biens sont réglés au jour de la reprise de cette instance (2).

La même règle s'appliquerait-elle au cas où la demande en divorce est transformée en demande de séparation de corps ?

La transformation d'une demande en divorce en de-

(1) Trib. Troyes, 10 août 1881, S. 1881.2.220.
(2) Cass., 4 février 1846, S. 1846.1.553.

mande en séparation de corps, autorisée par l'article 239 du Code civil, en tout état de cause, peut avoir lieu même en Cour d'appel (1), mais faut-il placer le jour de la demande au jour où la transformation de la demande est signifiée au défendeur.

Nous ne le croyons pas et en voici le motif : en principe l'instance en divorce et l'instance en séparation de corps sont essentiellement distinctes ; l'article 239, § 2, contient une exception à ce principe, en vertu de la volonté expresse du législateur, mais il résulte précisément du caractère exceptionnel de cette disposition que la loi considère, dans l'espèce, les deux actions comme une manifestation unique de la volonté du demandeur quoiqu'exprimée sous deux formes différentes.

Par conséquent, c'est au moment où la demande introductive d'instance a été formée que doivent se produire les effets du jugement.

56. Deuxième cas. — La séparation de corps est demandée par voie reconventionnelle.

Le défendeur à une demande de séparation de corps ou de divorce peut en effet répondre par une demande reconventionnelle (2) de divorce ou de séparation de corps ; nous n'avons à nous occuper que de celle-ci.

Pour répondre à la question qui nous occupe, il nous paraît utile de distinguer plusieurs hypothèses.

(1) Cass., 5 juillet 1892, S. 1892.1.504 ; Bordeaux, 13 février 1889, S. 1889.2.240. Au contraire, le demandeur en séparation de corps ne peut en appel transformer sa demande en demande de divorce. Cass. civ., 22 février 1888, S. 1888.1.374 ; cassant un arrêt de Toulouse, 7 juillet 1886, S. 1886.2.209.

(2) D'après la règle exceptionnelle qui régit le divorce et la séparation, la demande reconventionnelle est admise à cause de l'*identité* de son objet avec celui de la demande principale, quoiqu'elle ne constitue pas une défense contre cette demande. Planiol, *Revue critique*, 1887, p. 709. Voir Pau, 26 janvier 1885, S. 1886.2.210.

Première hypothèse. — C'est en première instance que la demande reconventionnelle a été formée.

Il faut distinguer si cette demande reconventionnelle a été opposée à une demande de séparation de corps, ou à une demande de divorce.

A. Lorsqu'à la demande principale en séparation de corps, dirigée par la femme contre son mari, celui-ci a opposé une demande reconventionnelle en séparation de corps, formée par simples conclusions (art. 239, § 3, C. civ.) (1) et qui, seule, a été accueillie, la demande principale ayant été rejetée, la séparation de biens, qui est la conséquence de la séparation de corps, produit ses effets entre les époux à compter du jour où la demande reconventionnelle a été formée, et non à partir du jour où la demande principale a été portée devant le tribunal (art. 1445, C. civ.) (2).

B. Sur le point de savoir si une demande reconventionnelle de séparation peut être opposée à une demande de divorce, la jurisprudence et la doctrine sont divisées ; les arrêts et les auteurs qui admettent la recevabilité de la demande reconventionnelle en séparation de corps s'appuient sur le rapprochement des travaux préparatoires et de l'article 239 § 3, et sur l'intention manifestée par le législateur d'apporter, dans cette hypothèse même, une dérogation à la règle que l'action en séparation de corps et l'action en divorce sont essentiellement distinctes (3).

Si nous l'admettons, il faut décider *a fortiori* que c'est

(1) Avant la loi du 18 avril 1886, sur la procédure du divorce, la jurisprudence admettait que la demande reconventionnelle en séparation de corps, en réponse à une demande principale de même nature, pouvait être formée par voie de simples conclusions, sans être soumise au préliminaire de conciliation. Cass., 2 déc. 1873, Sirey, 1875.1.125 et les renvois de la note. Cf. Code civil annoté, par M. Fuzier-Herman, sur l'article 307, n° 54.

(2) Paris, 12 juillet 1892, Sirey, 1894.2.10.

(3) Trib. de Chambéry, 7 juin 1886, S. 1886.2.17 ; Rouen, 7 août 1888, S. 1890.2.51.

à sa date que se place le jour de la demande, si elle triomphe.

Deuxième hypothèse. — C'est en appel que la demande reconventionnelle a été formée.

Il faut distinguer encore si cette demande reconventionnelle est opposée à une demande de séparation de corps ou à une demande de divorce.

a) Une demande reconventionnelle en séparation de corps peut être formée en appel, par simples conclusions (1), sur une demande principale de même nature (2), on applique par analogie l'article 248 du Code civil.

C'est à sa date que remontent les effets du jugement.

b) Il en sera de même si la demande reconventionnelle en séparation est formée contre une demande en divorce (3).

Troisième hypothèse. — Une demande reconventionnelle de divorce a été transformée en demande reconventionnelle de séparation de corps.

Il semble résulter de certaines décisions de la jurisprudence que certains juristes exigeraient du défendeur le désistement de sa première demande pour pouvoir en former une deuxième (4).

(1) Déjà, avant 1886, d'après l'opinion la plus générale, une demande reconventionnelle en séparation de corps pouvait être formée pour la première fois en appel. Angers, 27 avril 1880, S. 1880.2.132 ; Toulouse, 7 décembre 1882, Sirey, 1883.2.15. Cf. *Code civil annoté* par Fuzier-Hermann, art. 307, n° 70. *Adde* : Laurent, *Princ. de dr. civ.*, t. 3, n° 942.

(2) Poitiers, 2 février 1891, S. 1892.2.143.

(3) Paris, 27 juin 1888, S. 1891.2.62.

(4) Si du moins on applique par analogie la décision de la Cour de Pau, d'après laquelle : L'époux contre lequel une action en séparation de corps a été intentée et qui a formé lui-même une demande reconventionnelle en séparation de corps, ne peut, au cours de l'instance, et alors que le contrat judiciaire s'est formé sur sa demande reconventionnelle, introduire une action en divorce et se désister de sa demande reconventionnelle en séparation de corps, si son conjoint n'accepte pas ce désistement. Pau, 19 novembre 1894, S. 1895.2.191. *Contrà* : Riom, 13 juin 1893, S. 1895.2.162.

Dans cette opinion, il est évident que le jour de la demande serait placé à la date de la deuxième demande reconventionnelle.

Mais la Cour d'Amiens a jugé que le défendeur à une demande principale en divorce pouvait transformer en appel la demande reconventionnelle de séparation de corps en demande de divorce, en invoquant exclusivement l'article 248 § 4. Le défendeur, a dit la Cour, s'il n'avait formé aucune demande reconventionnelle en première instance, aurait pu introduire pour la première fois en appel une demande reconventionnelle de divorce ; comment le fait qu'il s'est, en première instance, porté reconventionnellement demandeur en séparation de corps, pourrait-il lui enlever le droit, qu'il puise dans la disposition de l'article 248, § 4, de demander reconventionnellement le divorce en appel ? Lui interdire, dans cette hypothèse, de demander reconventionnellement le divorce, n'est-ce pas restreindre arbitrairement la prescription très générale de l'article 248, § 4, précisément dans le cas où le défendeur a, dès le début de l'instance, par sa demande reconventionnelle en séparation de corps, manifesté son intention de ne pas conserver une attitude défensive, et, au contraire, de prendre à son tour l'offensive contre son conjoint (1).

Cette opinion nous paraît seule exacte, et, dans ce cas, il faut décider que c'est à la date de la première demande reconventionnelle, quoiqu'elle ait le divorce pour but, que se place le jour de la demande.

57. Conclusions :

Dans le cas où la séparation de corps est demandée par voie de demande principale, il faut entendre par jour de la demande le jour où est signifiée l'assignation à comparaître devant le tribunal.

(1) Amiens, 14 avril 1897, S. 1898.2.65.

Dans le cas où cette séparation fait l'objet d'une demande reconventionnelle, c'est au jour de cette demande, si elle a triomphé, que doit remonter l'effet rétroactif du jugement.

CHAPITRE IV

A QUEL MOMENT UN JUGEMENT DE SÉPARATION DE CORPS A-T-IL FORCE DE CHOSE JUGÉE ?

58. En principe, tout jugement a *autorité de chose jugée* (1) dès qu'il est rendu.

Tant qu'il n'est pas l'objet d'une voie de recours ayant pour but de le faire réformer ou rétracter, il est tenu pour vrai (2.

Quand une voie de recours est exercée, il faut faire une distinction : si c'est une voie de recours ordinaire, opposition ou appel, qui est soulevée, l'autorité de la chose jugée est suspendue ; si c'est une voie de recours extraordinaire, pourvoi en cassation, requête civile, qui est exercée, l'autorité de la chose jugée est maintenue tant que la décision n'est pas cassée, annulée ou rescindée (3).

59. Cette autorité de la chose jugée n'existe qu'au regard des parties (art. 1351, C. civ.), mais ceci doit s'entendre en ce sens que le jugement, rendu pour ou contre une personne, est censé avoir été rendu aussi, quelle que soit sa date, pour ou contre ses ayants cause à titre universel : héritiers, successeurs irréguliers, légataires ou donataires universels ou à titre universel, créanciers chirographaires.

Quant aux ayants cause à titre particulier, le jugement rendu pour ou contre leur auteur ne leur est opposable

(1) Voir plus haut chapitre I. n° 9, p. 16.

(2) Cass., 20 juillet 1882, S. 1885.1.58 ; Cass., 7 juillet 1890, S. 1891.1. 25.

(3) Voir Carpentier, *Rép. alph.*, v° *Chose jugée*, n° 16.

qu'autant qu'il est antérieur à l'acquisition du droit déterminé qui leur est transmis (1).

60. Si tout jugement a autorité de chose jugée dès qu'il est rendu, il n'a *force de chose jugée* qu'au moment où il est inattaquable, définitif, c'est-à-dire après que toutes les voies de recours ont été épuisées, ou, si le jugement n'a pas été attaqué dans les délais de la loi (2), après l'expiration des délais fixés pour l'exercice de ces voies de recours. Nous rappelons qu'il ne s'agit que des voies de recours ordinaires puisque, seules, elles peuvent suspendre l'autorité de la chose jugée.

61. Il faut remarquer qu'en général, quand un jugement a été l'objet d'une voie de recours ordinaire, son autorité se trouvant seulement suspendue par l'exercice d'une voie de recours de ce genre, il reprend, s'il est confirmé, toute son autorité, rétroactivement, au jour où il a été rendu. C'est au jour où le jugement ainsi confirmé a été rendu que se produisent ses effets (3), avec rétroactivité au jour de la demande dans la plupart des cas, ainsi que nous l'avons vu plus haut (4).

62. Quant à l'exécution, il n'est pas indispensable qu'un jugement soit passé en force de chose jugée pour qu'elle soit possible.

L'existence de voies de recours n'empêche pas l'exécution : car l'autorité de la chose jugée et la puissance d'exécution ne vont pas toujours ensemble.

Une décision peut avoir l'autorité de la chose jugée,

(1) Cass., 16 avril 1889, S. 1890.1.260.

(2) Garsonnet, § 465, t. III, p. 239 ; Bourges, 3 novembre 1890, S. 1891. 2.246 : « Il est de principe, dit cet arrêt, que tout jugement rendu en premier ressort a l'autorité de la chose jugée tant qu'il n'est pas attaqué par la voie de l'appel et de l'opposition, et qu'il passe en force de chose irrévocablement jugée, s'il n'a pas été attaqué dans les délais de la loi. »

(3) Garsonnet, § 466, n° 1, t. III, p. 243 ; Cass., 27 juillet 1874, D. 1874. 1.129.

(4) Chapitre I, n° 11, p. 17.

alors qu'elle n'est pas encore exécutoire : un jugement susceptible d'appel en effet a autorité de chose jugée dès qu'il est rendu et cependant il ne peut être exécuté dans la huitaine qui suit le jugement. A l'inverse, un jugement peut être exécutoire sans avoir l'autorité de la chose jugée: c'est ce qui se produit pour les jugements exécutoires par provision et dont l'autorité de chose jugée a disparu cependant par suite d'une opposition ou d'un appel (1).

63. Il faut distinguer cependant si l'exécution doit avoir lieu contre une partie ou contre un tiers.

En principe, on peut exécuter contre la partie condamnée même dans les délais d'appel, par cela seul qu'elle n'interjette pas appel (2).

Mais aux termes de l'article 548 du Code de procédure civile : « Les jugements qui prononceront une mainlevée, une radiation hypothécaire, un payement, ou quelque autre chose à faire par un tiers ou à sa charge, ne seront exécutoires par les tiers ou contre eux, même après les délais de l'opposition ou de l'appel, que sur le certificat de l'avoué de la partie poursuivante, contenant la date de la signification du jugement faite au domicile de la partie condamnée, et sur l'attestation du greffier constatant qu'il n'existe contre le jugement ni opposition ni appel. »

La loi n'a pas voulu que, quand on veut provoquer l'exécution à la charge d'un tiers, on pût être reçu à l'exiger tant qu'il y a encore un appel possible, tant que le jugement peut être réformé : aussi exige-t-elle qu'il soit prouvé à ces tiers, non seulement qu'il n'y a pas, mais encore qu'il n'y aura pas d'opposition ou d'appel qui puisse faire rétracter ou réformer ce jugement (3) : il faut donc

(1) Cf. Carpentier, *Rép. alph.*, v° *Chose jugée*, n° 22.

(2) Boitard, Colmet d'Aage et Glasson, t. II, n° 804, p. 264.

(3) Cf. Boitard, Colmet d'Aage et Glasson, t. II, n° 804, p. 264 ; Cass., 9 juin 1858, D. 1858.1.246.

que ce jugement soit passé en force de chose jugée pour être exécuté contre un tiers.

Ajoutons que le système des articles 548 et suivants relatif à l'exécution des jugements par les tiers est général et s'applique dès lors à tous les jugements, même aux jugements exécutoires par provision, même aux ordonnances de référé (1).

64. Tout ce que nous avons dit plus haut s'applique aux jugements déclaratifs (2) ; en ce qui concerne les jugements attributifs ou constitutifs, nous avons quelques différences à signaler.

Ces jugements produisent eux aussi *autorité de chose jugée* dès qu'ils sont rendus (3) ; mais, pour le divorce et la séparation de corps, il faut ajouter que le pourvoi en cassation lui-même est suspensif (art. 248 *in fine*, C. civ. modifié par la loi du 6 février 1893) ; l'autorité de la chose jugée est donc suspendue non seulement par les voies de recours ordinaires, mais aussi par une voie de recours extraordinaire.

65. Au lieu d'avoir autorité de chose jugée entre les parties seulement, les jugements, qui créent un état de droit ou font cesser un état de droit antérieurement créé par le juge sont opposables à tous. Dans ces jugements constitutifs, comme les jugements qui prononcent une séparation de corps, une séparation de biens ou un divorce, qui ordonnent l'interdiction ou la nomination d'un conseil judi-

(1) Glasson sur Boitard et Colmet d'Aage, t. II, p. 264, n° 1 ; Cass. civ., 21 janvier 1879, S. 1879.1.215.

(2) Voir plus haut chapitre IV, n° 58, p. 110.

(3) Mentionnons que la séparation de biens paraît n'avoir autorité de chose jugée que sous la condition de l'exécution du jugement dans la quinzaine (art. 1444, C. civ.). Remarquons que l'article 1444 n'est applicable qu'au cas de séparation de biens demandée par voie principale ; il ne concerne pas la séparation de biens résultant par voie indirecte du jugement de séparation de corps. Fuzier-Hermann, *Code civil annoté*, art. 1444, n° 1.

ciaire, qui déclarent la faillite d'un commerçant, il s'agit véritablement d'un acte de tutelle et de haute administration (1) qui fait loi *erga omnes* ; l'effet absolu de ces jugements provient moins de l'autorité de la chose jugée que de celle de la puissance publique, de la volonté légalement exprimée par le juge de créer une situation nouvelle (2).

66. Ces jugements n'acquièrent *force de chose jugée*, comme les autres, qu'au moment où toute voie de recours est éteinte ou épuisée, mais ceci doit s'entendre, pour la séparation de corps, de toute voie de recours ordinaire et extraordinaire (3).

67. Etant donné le changement de situation que créent ces jugements, il semblerait logique de décider que ces jugements ne produisent leurs effets qu'après avoir acquis irrévocablement force de chose jugée.

La loi en a décidé autrement cependant pour le jugement déclaratif de faillite qui est même exécutoire par provision (art. 440, C. comm.); il est vrai que ce jugement constate, plutôt qu'il ne crée, un état de choses préexistant.

La jurisprudence a aussi décidé que le jugement d'interdiction, confirmé après opposition ou en appel, produisait ses effets au jour où il a été rendu (4) ; il est vrai que l'article 502 du Code civil donne une base très solide à cette décision.

Mais le législateur de 1886 a reconnu le principe en matière de divorce et de séparation de corps.

(1) Demolombe, t. V, n° 320.

(2) Garsonnet, § 466, n° 1, t. III, p. 243: Cf. Carpentier, *Rép. alph.*, v° *Chose jugée*, n°s 701 et suiv. ; Fuzier-Hermann, *Code civil annoté*, art. 1351, n° 1467.

(3) Voir plus haut n° 64, p. 113.

(4) Pour l'opposition, Cass. req., 6 juillet 1868, D. 1869.1.267. Pour l'appel, Riom, 14 février 1842, S. 1842.2.153 ; Angers, 3 août 1866, S. 1866.2.340.

68. Quant à l'exécution, comme elle ne pourrait être que la consécration de la situation nouvelle créée par le jugement, elle ne pourra avoir lieu qu'au moment où cette situation nouvelle est irrévocable, c'est-à-dire au moment où le jugement aura acquis force de chose jugée.

69. Tous ces principes s'appliquent au jugement de séparation de corps :

1° L'*autorité de la chose jugée* est acquise à ce jugement dès qu'il est rendu, mais elle est suspendue par toutes les voies ordinaires et extraordinaires ;

2° Elle lui est acquise à l'égard de tous ;

3° La *force de chose jugée* lui est acquise après l'exercice ou la déchéance de toutes les voies de recours, ordinaires et extraordinaires ;

4° Il ne peut produire ses effets qu'à ce moment-là.

La séparation de corps n'est acquise, n'existe qu'au moment où le jugement qui la prononce a acquis force de chose jugée.

Cette règle nous paraît résulter d'une manière incontestable de la disposition de l'article 244 du Code civil, aux termes duquel l'action en séparation s'éteint par la mort de l'un des époux survenue avant que le jugement soit devenu irrévocable. Si l'action s'éteint ainsi, c'est donc que la séparation n'est pas acquise avant ce moment.

Sans doute, pour la séparation de corps, l'utilité de cette disposition est moins apparente que pour le divorce, puisque la situation nouvelle ne consiste pas dans la rupture du mariage, mais seulement dans le relâchement du lien conjugal, mais on ne peut contester son application à la séparation de corps, car, avant 1886, la jurisprudence avait appliqué cette règle dans l'espèce, depuis 1886, l'article 307 du Code civil déclare formellement l'article 244 du Code civil applicable à la séparation de corps, enfin nous pouvons remarquer que la loi du 6 février

1893 a donné un intérêt tout spécial à la règle en rendant à la femme le plein exercice de sa capacité civile. Nous avons déjà indiqué plus haut (1) la plupart de ces motifs ; nous pouvons ajouter une indication très précise résultant des travaux préparatoires de la loi du 18 avril 1886 et qui nous paraît péremptoire.

L'article 244, dans le projet, se terminait par ces mots : « Avant que le jugement soit devenu irrévocable. » Dans la séance du Sénat du 22 décembre 1885, M. de Gavardie fit observer qu'il pourrait y avoir des difficultés pour fixer le moment où le jugement de divorce serait devenu irrévocable. On ajouta alors le membre de phrase : « par la transcription sur les registres de l'état civil. » Sans l'observation de M. de Gavardie, il n'y aurait aucune différence, dans cette disposition, entre la séparation de corps et le divorce.

L'esprit du législateur est donc que les mêmes principes doivent régir le divorce et la séparation de corps, ceci est certain. Nous savons d'autre part que c'est à la fin de la discussion de la loi de 1886 qu'il fut décidé que les articles 236 à 244 du Code civil, seraient applicables à la séparation de corps ; il en résulte que c'est par pure inadvertance que le législateur a omis d'exiger la transcription du jugement de séparation de corps.

Par conséquent, puisque, ainsi que nous l'avons dit plus haut, les principes sont les mêmes dans les deux cas, si le divorce ne peut produire ses effets qu'au jour de la transcription, il faut décider, du moment que la transcription n'est pas ordonnée aussi pour la séparation de corps, que le jugement de séparation sera irrévocable, n'existera définitivement, ne produira ses effets que du jour où il sera passé en force de chose jugée.

(1) Chapitre II, n° 39, p. 76.

5° De tout ce qui précède, il résulte encore que le jugement de séparation de corps ne peut être exécuté avant d'être passé en force de chose jugée. Nous savons d'ailleurs que l'article 1444 du Code civil n'est pas applicable en l'espèce.

70. De tous ces principes, nous trouvons d'ailleurs, ainsi que nous l'avons indiqué plus haut, une application pratique en matière de saisie-arrêt : nous allons l'exposer à titre d'exemple.

Le jugement de validité de saisie-arrêt dessaisit le débiteur des sommes arrêtées pour en faire attribution et transport au saisissant, mais à la double condition, d'une part, que le jugement de validité soit signifié au tiers saisi, par application de l'article 1690 du Code civil, et, d'autre part, que le jugement de validité soit passé en force de chose jugée (1).

Le jugement qui valide une saisie-arrêt a des effets, non pas déclaratifs, mais translatifs de droits.

Par suite, l'attribution que ledit jugement fait au saisissant des valeurs arrêtées, dans la mesure des causes de la saisie, n'a lieu que le jour où, étant passé en force de chose jugée, ce jugement est susceptible d'exécution contre le tiers saisi, celui-ci, tant qu'il ne peut être contraint à vider ses mains en celles du saisissant, demeurant le débiteur du saisi (art. 579, C. proc. civ.) (2).

Il y a difficulté quand le jugement est susceptible d'opposition ou d'appel, et que le jugement a acquis force de chose jugée, soit par l'expiration du délai d'opposition ou d'appel sans aucun recours formé, soit par le maintien du jugement frappé de recours.

Plusieurs systèmes sont en présence :

(1) Note dans Cass. civ., 27 novembre 1894, S. 1896.1.488.

(2) Cass. civ., 27 juin 1892, S. 1892.1.519 et les notes 2, 3, 4. Cf. art. 670, C. pr. civ.

Premier système. — La saisie-arrêt ne remonte pas au jour du jugement, elle s'opère seulement au jour où le jugement peut être exécuté (1).

Deuxième système. — La saisie-arrêt remonte au contraire, dans ce cas, au jour du jugement (2).

Troisième système. — Il faut distinguer entre l'opposition et l'appel ; la décision confirmée sur appel a un effet rétroactif, mais la décision confirmée sur opposition ne rétroagit pas (3).

Quatrième système. — Il faut distinguer : si le jugement de validité de saisie-arrêt, qui est frappé d'opposition ou d'appel, est maintenu, le transport judiciaire rétroagit au jour du jugement ; mais l'effet attributif résultant de l'expiration des délais d'opposition ou d'appel ne rétroagit pas au jour du jugement (4).

Le premier système nous paraît seul raisonnable : ce n'est pas seulement l'exécution qui est retardée ici, c'est aussi l'existence, car l'existence et l'exécution sont ici corrélatives l'une de l'autre.

C'est d'ailleurs le système que la Cour de cassation a adopté :

« Si le jugement de validité a été frappé d'appel et est confirmé, c'est à la date de l'arrêt confirmatif que s'opère cette attribution, puisque c'est à cette date seulement que le saisissant peut obliger le tiers saisi à lui remettre les sommes arrêtées (5). »

(1) Trib. civ. de la Seine, 14 janv. 1876, *Gaz. des trib.*, 28 janvier 1876.

(2) Boitard, Colmet d'Aage et Glasson, t. 2, n° 883 ; Rousseau et Laisney, *Dict. de proc.*, V° *Saisie-arrêt*, n° 611 et suiv., n° 614 ; Tessier, *Traité de la distribution par contribution*, t. 1er, n° 61 ; Dodo, *Traité de la saisie-arrêt*, n° 200 et suiv. ; Agen, 20 déc. 1853, S. 1854.2.249 ; Bourges, 23 mai 1855, S. 1855.2.686.

(3) Chauveau sur Carré, *Lois de la proc.*, t. IV, quest. 1972 *ter* et t. VII, Suppl. quest. 1972 *ter*.

(4) Cass., 20 novembre 1860, S. 1861.1.270.

(5) Cass., 27 juin 1892. S. 1892.1.519.

71. Ce sont ces mêmes principes dont nous allons examiner l'application en matière de séparation de corps, en passant en revue les différentes hypothèses qui peuvent se présenter.

La séparation de corps peut être prononcée par un jugement de première instance ou par un arrêt de la Cour d'appel, dans ce dernier cas, avant ou après cassation.

A quel moment, dans ces divers cas, la décision qui prononce la séparation de corps a-t-elle acquis force de chose jugée ? Quelles sont les conséquences de l'application des principes que nous avons indiqués plus haut ?

Nous allons étudier d'abord le cas où la séparation de corps est prononcée par un jugement de première instance.

72. La séparation de corps résulte d'un jugement de première instance.

Dans ce cas, il faut distinguer si le jugement est contradictoire ou par défaut.

73. A. *Jugement contradictoire.*

Quand la séparation de corps a été prononcée, en première instance, par un jugement contradictoire, ce jugement n'a d'effet que si l'unique voie de recours dont il est susceptible, l'appel, n'est pas exercée.

a) Si l'appel est interjeté, ce jugement n'a plus aucune valeur, la Cour est saisie par l'acte d'appel et désormais c'est sa décision seule qui pourra être exécutée.

b) Si cette voie de recours n'est pas exercée, c'est de ce jugement que dérive la séparation. Mais cette séparation ne sera acquise, n'existe qu'au jour où le jugement sera définitif, irrévocable, ce qui veut dire, ici : au jour où le délai d'appel sera expiré.

Le délai d'appel est, en notre matière, suspensif comme en matière de divorce (1) (art. 244 et 252, C. civ.) ; sa

(1) Colmet de Santerre, t. I (3e édition), n° 356 *bis*, p. 518.

durée est, aux termes de l'article 248 du Code civil (1), fixée par les articles 443 et suivants du Code de procédure civile : elle est donc de deux mois à partir de la signification du jugement.

74. L'époux, contre lequel la séparation de corps a été prononcée, peut-il abréger au moyen d'un acquiescement, le délai que nous venons d'indiquer ?

Aux termes de l'article 249 du Code civil, le jugement ou l'arrêt qui prononce le divorce n'est pas susceptible d'acquiescement, et nous croyons que cette prohibition s'applique logiquement à l'acquiescement tacite(2) comme à l'acquiescement expressément formulé.

Mais cet article n'est pas au nombre de ceux que l'article 307 du Code civil déclare applicables à la séparation de corps.

Aussi la jurisprudence admet-elle en général la validité de l'acquiescement en matière de séparation de corps (3).

La Cour de cassation a sanctionné cette opinion en décidant que, si la séparation de corps ne peut avoir lieu par le consentement mutuel des parties, cette restriction à la libre volonté des intéressés ne saurait être étendue à l'acquiescement aux décisions de justice (4).

(1) Depuis la loi du 6 janvier 1893, cet article est considéré comme applicable au divorce.

(2) L'acquiescement tacite peut résulter notamment de l'exécution du jugement, du paiement des condamnations en principal, frais et accessoires, à moins que celui qui exécute n'ait fait des réserves formelles. Cass., 29 janvier 1896, S. 1897.1.167. Le point de savoir s'il y a acquiescement tacite est une question de fait laissée à l'appréciation des tribunaux. Bourges, 6 juin 1898, S. 1898.2.192. Mais il est inexact de dire que la partie qui fait signifier un jugement ou un arrêt à son adversaire, sans protestation ni réserve, acquiesce virtuellement et absolument à ce jugement ou à cet arrêt. Cass., 20 mars 1889, S. 1890.1.381 ; Pau, 4 juillet 1898, S. 1898. 2.296. Ceci nous paraît contraire à l'article 443 *in fine*, C. pr. civ. ; Voyez cependant Caen, 19 février 1889, S. 1890.2.219.

(3) Nancy, 22 juillet 1876, S. 1878.2.103 ; Douai, 22 avril 1891, S. 1891.2. 245 ; Rouen, 5 janvier 1895, S. 1897.1.207.

(4) Cass., 28 décembre 1891, S. 1892.1.120.

On peut soutenir en effet qu'il est impossible de voir une séparation de corps par consentement mutuel, prohibée par l'article 307 du Code civil, dans une séparation rendue irrévocable par un acquiescement, alors que la demande, régulièrement et contradictoirement débattue, a été suivie d'un jugement également contradictoire prononçant le divorce ; dans ce cas, et alors que la justice a prononcé sur l'action intentée, aucune disposition du Code n'impose l'appel à la partie qui a succombé dans l'instance, cette partie, pouvant s'abstenir de former cet appel, a la faculté d'exécuter de suite le jugement du tribunal, et cette exécution lui fermant la voie de l'appel est l'application du droit commun, auquel, en ce point, la loi n'apporte aucune exception (1).

Assurément l'époux contre lequel la séparation de corps a été prononcée a la faculté de ne pas faire appel du jugement qui le condamne, mais il ne résulte pas de cette faculté le droit d'abréger les délais d'appel soit par une manifestation expresse de volonté, soit par l'exécution prématurée du jugement.

Aucun argument n'est plus spécieux que celui qui consiste à dire que l'acquiescement à la sentence judiciaire de séparation de corps n'équivaut pas à un consentement mutuel ; le plus souvent, au contraire, cet acquiescement ne sera que l'exécution d'une convention antérieure ; la hâte que mettent les époux à rendre irrévocable la sentence est une preuve manifeste de leur entente préalable dans le but de réaliser au plus tôt une situation que la loi leur défend de créer d'un commun accord.

Si l'acquiescement est prohibé, dans un but d'ordre public, par l'article 249 du Code civil, pour le divorce, il est prohibé, en matière de séparation de corps, par le bon

(1) Voyez en matière de divorce, Chambéry, 19 juillet 1887, S. 1890.2.218.

sens, car il est évident que l'acquiescement sera le plus souvent un procédé pour faciliter la séparation par consentement mutuel ; il faut ajouter que cette prohibition dérive nécessairement d'une saine interprétation de l'article 244 du Code civil ; s'il était possible de rendre un jugement de séparation de corps définitif au moyen d'un acquiescement, combien il serait facile d'arracher à un mourant l'acquiescement au jugement de séparation prononcé contre lui et de rendre illusoire la disposition finale de l'article 244 du Code civil.

Nous croyons donc qu'il faut nettement rejeter la jurisprudence de la Cour de cassation et décider que l'acquiescement est nul quand il a pour but de rendre définitif un jugement qui prononce la séparation de corps (1).

L'acquiescement exprès n'est pas possible : s'il était donné, il n'avancerait pas le moment où le jugement aura acquis force de chose jugée, le jugement ne sera irrévocable qu'après l'expiration des délais d'appel.

Quant à l'acquiescement tacite, il n'est pas possible non plus, car il consiste en général dans l'exécution du jugement ; or l'exécution de cette sentence ne peut avoir lieu avant que le jugement ne soit passé en force de chose jugée.

Dans les deux cas, l'acquiescement est donc inutile, il est nul ; l'époux contre lequel la séparation de corps a été prononcée ne peut, au moyen d'un acquiescement, abréger le délai d'appel ; ce délai doit être expiré pour que le jugement soit définitif (2).

(1) Garsonnet, t. VI, § 1370, p. 540, n° 4 et § 1374, p. 548. Colmar, 8 août 1833, S. 1834.2.229 ; Douai, 31 juillet 1847, S. 1848.2.39 ; Caen, 28 mars 1849, S. 1850.2.503.

(2) Au contraire, l'acquiescement à un jugement repoussant la demande en séparation de corps serait parfaitement valable, car il est dans l'esprit de la loi de favoriser les réconciliat ons. Il en serait de même en matière de divorce. Mais ceci ne rentre pas dans notre sujet puisque nous nous

75. B. *Jugement par défaut.*

L'article 247 du Code civil qui réglemente les jugements par défaut en matière de divorce, ne s'applique pas à la séparation de corps (art. 307, C. civ.).

Il en résulte que les jugements par défaut en matière de séparation de corps doivent être régis par le droit commun.

Par suite :

1° Les conclusions de la partie qui requiert la séparation ne seront adjugées que si elles se trouvent justes et bien vérifiées (art. 150, C. pr. civ.) : les juges useront largement de la faculté que leur donne cet article 150 du Code de procédure civile de faire mettre les pièces sur le bureau, pour prononcer le jugement à l'audience suivante.

2 Conformément à l'article 156 du Code de procédure civile, les jugements seront réputés non avenus s'ils ne sont pas exécutés dans les six mois de leur obtention.

3° *a*) L'opposition aux jugements par défaut contre avoué ne sera recevable que pendant huitaine, à compter du jour de la signification à avoué (art. 157, C. pr. civ.).

b) L'opposition aux jugements par défaut contre partie est recevable jusqu'à l'exécution (art. 158 et 159, C. pr. civ.) (1).

Ici plus qu'ailleurs il faut s'inspirer de l'esprit de la loi et veiller à ce que l'acte d'exécution soit de ceux dont le défendeur ait pu être informé.

En matière de divorce, la Cour de cassation a décidé que la signification d'un jugement par défaut, faite au dé-

occupons seulement de déterminer le point de départ des effets d'un jugement prononçant la séparation de corps.

(1) Trib. Pontoise, 8 mai 1895, *Journal la Loi*, 29 mai 1895. Cf. Trib. Péronne, 7 juillet 1886, S. 1888.2.87, déclarant une opposition tardive comme ayant eu lieu après l'entière exécution du jugement attaqué ; Amiens, 30 novembre 1887, S. 1888.2.87.

fendeur au parquet du procureur de la République, dans la forme prescrite par l'article 69, § 8, du Code de procédure civile, pour les significations à faire aux personnes sans domicile connu, est irrégulière et nulle, alors qu'il était facile au demandeur de connaître le domicile du défendeur (1). Nous appliquerons sans hésiter cette décision à la séparation de corps.

En ce qui concerne la séparation de corps spécialement, le tribunal de Pontoise a jugé qu'un procès-verbal de carence dénoncé au parquet et non parvenu à la connaissance de l'époux défaillant ne constitue pas un acte d'exécution (2).

Dans les deux cas, l'opposition ne sera plus recevable si, après l'avoir formée, soit par acte extrajudiciaire, soit par déclaration dans un acte d'exécution, l'opposant omet de la réitérer avec constitution d'avoué, par requête, dans la huitaine (art. 162, C. pr. civ.).

Faisant application de ces principes, il nous faut, pour répondre à la question que nous nous sommes posée, distinguer si opposition a été, ou non, formée contre le jugement par défaut prononçant la séparation de corps.

a) Dans le cas où opposition n'a pas été formée, l'expiration des délais d'opposition a pour effet de rendre l'opposition non recevable ; mais le jugement n'en devient pas par là même définitif et n'acquiert pas *hic et nunc* force de chose jugée tant qu'il est susceptible d'appel (3) ; or le délai d'appel ne commence à courir que du jour où l'opposition n'est plus recevable (art. 455, C. pr. civ.) (4).

(1) Cass. req., 7 février 1893, S. 1894.1.257 et dernière note de M. Labbé.

(2) Carpentier, *Rép. alph.*, v° *cit.*, n° 2954.

(3) Trib. Seine, 30 avril 1886, *Gaz. des Trib.*, 5 mai 1886.

(4) Cf. note sous Douai, 8 mai 1893, S. 1894.2.6. Remarquons que la règle que l'appel des jugements par défaut susceptibles d'opposition n'est pas recevable pendant la durée du délai de l'opposition s'applique, non seu-

Il faudra donc, après l'expiration des délais d'opposition, attendre l'expiration du délai d'appel pour avoir un jugement définitif, irrévocable. C'est le lendemain de la fin du deuxième mois qui suit le moment où l'opposition n'est plus recevable que la séparation de corps est acquise irrévocablement.

b) Dans le cas, au contraire, où opposition a été formée, c'est le lendemain du jour où expire le délai d'appel contre la deuxième sentence, rendue sur opposition, que le jugement de séparation de corps a force de chose jugée.

Ceci ne peut faire doute quand le premier jugement est infirmé et que son dispositif est remplacé par un autre, mais nous croyons qu'il en est ainsi même si le jugement est confirmé, car c'est sur cette deuxième sentence seule que la séparation de corps pourra être exécutée.

Mentionnons qu'il importe peu que l'instance sur l'opposition soit contradictoire ou par défaut, puisque « opposition sur opposition ne vaut ». Nous devons faire remarquer seulement que le défaut de l'opposant dans cette instance ne dispensera pas le tribunal d'examiner la cause et de prononcer une nouvelle sentence (art. 150, C. pr. civ.) (1). Nous croyons qu'il en serait de même du désistement (2).

c) Dans tous les cas, pour rester dans notre hypothèse, il faut supposer, bien entendu, que le délai d'appel expire sans que l'appel soit interjeté ; c'est à cette condition seulement que la séparation résulte du jugement.

Ainsi que nous l'avons dit déjà (3), si appel est interjeté, le jugement de première instance cesse d'avoir une valeur

lement à l'appel de la partie défaillante, mais aussi à l'appel de la partie qui a requis le jugement (art. 455, C. pr. civ.). Alger, 7 novembre 1893, S. 1894.2.244.

(1) Voir p. 123.

(2) Voir n° 80.

(3) Voir p. 119.

quelconque, c'est de l'arrêt de la Cour, quelle qu'en soit la disposition, que résulte la séparation de corps.

76. II. La séparation de corps a été prononcée par un arrêt de Cour d'appel.

Il faut distinguer si l'arrêt est contradictoire ou par défaut.

Il nous paraît utile de remarquer que l'appel étant une critique du jugement ne peut être formé que par l'époux dont les conclusions n'ont pas été accueillies. Par conséquent, celui qui a obtenu gain de cause et qui regrette son succès n'est pas en droit de recourir à l'appel. « Supposons, dit M. Massol, que le mari, s'étant concerté avec sa femme pour imaginer des torts, ait demandé et fait prononcer la séparation, il ne sera pas recevable à dénoncer la sentence aux juges d'appel (1). » Mais, une fois l'appel interjeté par la partie adverse, il est évident que l'époux, qui a triomphé en première instance, a le droit de poser ses conclusions en défense devant la Cour d'appel et, s'il y a lieu, de se pourvoir en cassation.

Quant aux effets de l'appel, nous n'avons pas besoin de rappeler qu'en général l'appel est suspensif. On peut seulement dire ici, que cet effet du recours au juge supérieur doit se produire en cette matière plus qu'en toute autre, car il importe que les conséquences de l'atteinte portée au lien conjugal ne puissent se réaliser qu'après que la décision des premiers juges a subi le contrôle de la révision des juges du second degré.

77. A. *Arrêt contradictoire.*

Si la séparation de corps résulte d'un arrêt contradictoire, cet arrêt aura force de chose jugée à des moments différents, suivant qu'il y a ou non pourvoi en cassation.

a) Quand il y a pourvoi en cassation, l'arrêt ne peut

(1) Massol, p. 209 et 210.

avoir force de chose jugée avant la solution complète du pourvoi puisque, depuis la loi du 6 février 1893, le pourvoi en cassation est suspensif en matière de séparation de corps (art. 248, C. civ.).

Avant 1893, la jurisprudence décidait, conformément au droit commun (Règlement de 1738, 1re partie, titre IV, art. 29. — Loi du 27 novembre 1790, art. 16), que le pourvoi en cassation ne produisait aucun effet suspensif en matière de séparation de corps et, par suite, ne mettait aucun obstacle à l'exécution de l'arrêt attaqué. Elle s'appuyait sur ce que l'effet suspensif avait été exceptionnellement accordé aux pourvois en cassation contre les arrêts de divorce pour empêcher que l'un des époux, exécutant la décision frappée de pourvoi, ne fît prononcer le divorce par l'officier de l'état civil et ne contractât un nouveau mariage (1). La séparation de corps n'entraînant pas de conséquences aussi graves, il n'y avait pas lieu de déroger au droit commun quant à l'effet du pourvoi.

Mais, en 1893, au moment du vote de la loi du 6 février, le législateur observa : « Que, surtout avec la restitution de la capacité civile aux femmes ayant obtenu la séparation, il pouvait être dangereux, dans l'intérêt des familles, de laisser s'exécuter une disposition susceptible d'être cassée » (2) et, dans l'article 4 de cette loi, il décida que le pourvoi en cassation serait aussi suspensif en matière de séparation de corps (art. 4, Loi du 6 février 1893 modifiant l'art. 248, C. civ.) (3).

(1) Locré, *Législ. civ., comm. et crim.*, t. V, p. 270 note.

(2) Rapport de M. Demôle au Sénat.

(3) Voici comment le rapporteur à la Chambre des députés justifiait de son côté, cette innovation : « La jurisprudence a décidé, disait M. Arnault dans son rapport à la Chambre des députés, que cet effet suspensif ne s'applique pas en cas de séparation de corps : cette solution était parfaitement motivée tant que la séparation ne produisait pas les effets qu'elle va produire ; mais, demain, lorsque la femme pourra faire des actes définitifs de disposition, il a semblé à la commission que le pourvoi devrait être

Un texte formel ayant ainsi consacré cette dérogation au droit commun, il y a lieu désormais d'appliquer à la séparation de corps les solutions admises en matière de divorce par l'interprétation de l'article 248 du Code civil.

Nous n'avons pas à examiner ici, les controverses qu'a soulevées cette interprétation et à rechercher dans quelles limites s'applique l'effet suspensif du pourvoi, s'il s'applique (1) ou non (2) aux arrêts interlocutoires qui préparent le jugement, aux arrêts ayant trait à des mesures provisoires (3), à ceux qui rejettent la séparation (4). Nous savons que, si la portée d'application de l'article 248 a donné lieu à de vives controverses, la jurisprudence paraît fixée en ce sens que l'article 248 est général, et s'applique indistinctement à tous les arrêts qui peuvent être frappés d'un pourvoi au cours d'une instance en divorce (5). Mais nous n'avons pas à discuter le bien fondé de cette jurisprudence.

Il nous suffit de faire remarquer qu'il a été décidé, par application de ces principes, que l'effet suspensif s'applique aussi bien aux mesures prises par l'arrêt qui prononce le divorce pour régler la situation nouvelle créée aux époux (liquidation des reprises de la femme, pension alimentaire, garde des enfants) qu'à la disposition princi-

suspensif de l'exécution des jugements en matière de séparation de corps comme en matière de divorce. Les époux resteront quelque temps de plus dans la situation provisoire créée par l'ordonnance du président au début de l'instance. »

(1) Cass., 23 novembre 1891, S. 1892.1.18 et rapport de M. le conseiller Ruben de Couder ; Douai, 17 juin 1891, S. 1893.2.14.

(2) Dijon, 30 décembre 1886, S. 1887.2.154 ; Paris, 7 février 1889, S. 1890. 2.63 ; Trib. Seine, 20 février 1891, *Gaz. des trib.*, 8 mars 1891.

(3) Rennes, 30 juillet 1894, S. 1897.2.145 ; Paris, 21 janvier 1895, S. 1897. 2.137 ; Douai, 17 mars 1897, S. 1898.2.108.

(4) Besançon, 1er juin 1885, S. 1886.2.131.

(5) Douai, 17 juin 1891, S. 1893.2.14 ; Cass., 23 novembre 1891, S. 1892. 1.18, note dans Sirey, 1897.2.145.

pale de l'arrêt (1), et que, dans tous les cas, un point est hors de doute, c'est que le pourvoi en cassation, dirigé contre la décision principale prononçant la séparation de corps, est toujours suspensif.

Il faut donc attendre la décision de la Cour de cassation pour déterminer le moment où la séparation de corps sera irrévocablement acquise.

S'il y a rejet du pourvoi, l'arrêt, qui prononce la séparation de corps, passe en force de chose jugée à partir du jour où la Cour de cassation a rejeté le pourvoi.

S'il y a cassation, l'arrêt est anéanti, c'est la décision de la Cour, devant laquelle l'instance est renvoyée, qui, seule, est à considérer ; la séparation n'existera que du jour de l'arrêt rendu par la Cour de renvoi, qu'il y ait ou non confirmation du premier arrêt ; cette nouvelle sentence aura force de chose jugée : 1° après la solution du pourvoi en cassation dont elle est susceptible si elle émane de la Cour de renvoi saisie après un premier pourvoi suivi de cassation ; 2° à l'instant même où elle est rendue, au contraire, si elle émane de la Cour de renvoi saisie après un deuxième pourvoi suivi de cassation, car alors il n'y a plus aucun recours possible.

b) Quand il n'y a pas pourvoi en cassation, l'arrêt n'a force de chose jugée qu'après l'expiration du délai du pourvoi.

Ceci revient à dire que le délai du pourvoi est suspensif.

(1) Besançon, 1er juin 1885, S. 1886.2.131. Il nous paraît certain cependant que l'effet suspensif ne devrait pas s'appliquer aux arrêts rendus postérieurement à l'arrêt principal. « Lorsqu'un arrêt prononçant le divorce est devenu définitif faute de pourvoi dans les délais, on peut dire que les difficultés qui peuvent naître entre les époux à raison de l'exécution de cet arrêt ne se rattachent plus, à vrai dire, à l'instance en divorce, et ne sauraient dès lors être soumises, au point de vue notamment de l'effet du pourvoi, aux mêmes règles que les arrêts rendus au cours de l'instance. » Note dans Sirey, 1893.2.42.

Or la loi ne le dit pas; l'article 248 du Code civil dit simplement : le pourvoi est suspensif en matière de divorce et de séparation de corps.

La Cour de cassation en a conclu, du moins dans les motifs d'un arrêt, que cette exception à la règle générale devait être renfermée dans les termes où elle est formulée et ne saurait dès lors être étendue au délai accordé aux parties sans se pourvoir (1).

Mais il est impossible logiquement de ne pas admettre l'effet suspensif pour le délai comme pour le pourvoi : si cet effet n'était pas admis, l'exécution de l'arrêt pourrait avoir lieu pendant le délai. Or, en matière de divorce surtout, c'est inadmissible, les résultats d'un pareil système seraient déplorables puisqu'un second mariage pourrait avoir lieu avant l'expiration du délai, puis, au moment de l'expiration de ce délai, un pourvoi pourrait être intenté ; s'il était suivi de cassation, il y aurait deux mariages coexistant (2). Les conséquences n'en seraient pas moins dangereuses en matière de séparation de corps, surtout depuis que la loi de 1893 a rendu à la femme séparée le libre exercice de sa capacité civile. Dans une instance qui a pour objet la rupture ou tout au moins le relâchement du lien conjugal, il est sage qu'aucun arrêt statuant définitivement ne puisse être exécuté (3), tant qu'il peut être l'objet d'un recours en cassation de la part de l'une des parties. Toute exécution opérée avant l'expiration du délai doit donc être déclarée nulle (4).

Ajoutons avec M. Garsonnet, qui estimait que le délai

(1) Cass., 25 juillet 1893, S. 1894.1.89 et note de M. Tissier.

(2) Cass., 5 août 1896, S. 1897.1.129.

(3) Note sous arrêt de Rennes, 30 juillet 1894, S. 1897.2.145.

(4) Voyez l'espèce qui a donné lieu à l'arrêt de Cass., 5 août 1896, S. 1897.2.129. Dans cette espèce, il est vrai, le pourvoi avait été intenté après l'exécution qui, de ce fait, a été annulée. Aix, 25 janvier 1895, S. 1895. 2.218 et note de M. Valabrègue.

du pourvoi est lui-même suspensif, que : « l'article 241 du Code de procédure civile fournirait en ce sens, s'il était nécessaire, un argument sans réplique puisqu'il déclare suspensifs, en matière de faux, le pourvoi et le délai même dans lequel il peut être formé » (1).

Par conséquent, tant que le délai du pourvoi n'est pas expiré, la séparation de corps n'est pas définitive ; l'arrêt qui la prononce n'a force de chose jugée que le lendemain du jour où expire le délai du pourvoi ; ce délai est de deux mois (Loi des 27 novembre-1er décembre 1790, art. 14, modifié par loi du 2 juin 1862) et il court du jour de la signification à partie (art. 248, C. civ.).

78. L'époux, contre lequel la séparation de corps est prononcée par un arrêt de cour d'appel, peut-il acquiescer à cette décision ?

Il est bien évident que l'époux, ainsi condamné, reste toujours libre de ne pas se pourvoir en cassation, et d'acquiescer ainsi tacitement à cet arrêt.

Mais cette espèce d'acquiescement tacite n'a pas pour résultat de hâter le moment où la séparation de corps est définitive et où l'arrêt a force de chose jugée ; car, pour savoir s'il n'y aura pas pourvoi, il faut attendre que le délai du pourvoi soit expiré.

La question que nous nous posons est plus restreinte ; elle doit être posée ainsi : l'époux, contre lequel la séparation de corps a été prononcée par un arrêt de cour d'appel, peut-il acquiescer à cette décision, expressément par une déclaration formelle ou tacitement, par exemple, en exécutant la sentence sans attendre l'expiration des délais du pourvoi ?

Pour les motifs que nous avons indiqués plus haut (2), nous croyons que l'acquiescement à un arrêt prononçant

(1) Garsonnet, § 1136, t. V, p. 663.
(2) Voir n° 74, p. 120.

la séparation de corps n'est pas possible : si l'article 249 du Code civil n'est pas au nombre de ceux que la loi déclare applicables à la séparation de corps, il ne faut pas oublier que l'article 307 du Code civil décide formellement que la séparation de corps ne peut avoir lieu par le consentement mutuel des époux, or l'acquiescement n'est souvent qu'un consentement détourné. En outre, et c'est, dans l'espèce, l'argument le plus fort, il est contraire à l'esprit de la loi d'autoriser les parties à abréger le délai à l'expiration duquel la séparation de corps sera définitivement acquise.

Ainsi que l'a fait remarquer M. Colmet de Santerre : « C'est une des théories particulières à notre loi sur le divorce de multiplier les délais qui imposent aux parties la nécessité de réfléchir ; elle n'a pas voulu que le dernier délai pût être abrégé plus que les autres (1). »

Sous quelque forme que se présente l'acquiescement, qu'il soit exprès ou tacite, nous croyons donc qu'il ne peut être admis en matière de séparation de corps.

79. B. *Arrêt par défaut.*

La séparation de corps peut être prononcée par défaut, soit à la suite du défaut du défendeur, soit même par suite du défaut du demandeur.

Dans les deux cas, l'arrêt ne pourra être prononcé qu'après vérification des conclusions présentées à son examen : cette vérification est exigée par l'article 150 du Code de procédure civile, quand il s'agit du défaut du défendeur, et par la jurisprudence quand il s'agit du défaut du demandeur ; la Cour de cassation fait ici application d'un principe plus général d'après lequel le juge doit vérifier les conclusions du demandeur défaillant dans les matières qui touchent à l'ordre public (2).

(1) Colmet de Santerre, t. I (3e édition), n° 359 *bis*, p. 521.

(2) Cass., 17 février 1836, S. 1836.1.754 ; Cass., 27 mars 1850, S. 1850,

Pour déterminer le moment où cet arrêt aura force de chose jugée, il faut distinguer si l'arrêt a été, ou non, frappé d'opposition.

a) S'il n'y a pas d'opposition, l'arrêt acquiert force de chose jugée à des moments différents suivant qu'il y a, ou non, pourvoi en cassation :

α. Dans le cas où il y a pourvoi en cassation dans les deux mois qui suivent le jour où l'opposition n'est plus recevable, l'arrêt de la Cour d'appel acquiert force de chose jugée au jour de l'arrêt de rejet du pourvoi. C'est le seul cas à examiner, car s'il y a cassation, l'arrêt de la Cour d'appel est anéanti et c'est la décision de la Cour de renvoi qui, seule, est à considérer.

β. Dans le cas où il n'y a pas pourvoi, l'arrêt a force de chose jugée le lendemain du jour où expire le délai du pourvoi en cassation ; nous avons déjà mentionné que, pour les arrêts par défaut, le délai pour se pourvoir en cassation court du jour où l'opposition n'est plus recevable (art. 248, C. civ.). Ce n'est donc qu'après que ces deux délais seront successivement écoulés que l'arrêt sera définitif.

b) S'il y a opposition, l'arrêt par défaut est anéanti, et quelle que soit la nouvelle décision, qu'il y ait ou non confirmation de la première sentence, c'est la sentence sur opposition qui, seule, doit être considérée, c'est d'elle que dérive la séparation ; or cet arrêt sur opposition doit être assimilé à tous arrêts contradictoires ; en effet, que le débat sur l'opposition ait lieu en présence des deux parties ou en l'absence de l'une d'elles, l'arrêt sera rendu après

1.369 ; Cass., 23 octobre 1889, S. 1890.1.64. Rapport de M. le conseiller Féraud-Giraud sur ce dernier arrêt : « S'il est de règle d'après la jurisprudence que, lorsque l'appelant ne se présente pas pour soutenir son appel, le jugement doit être confirmé sans vérification, sans contredire à ces principes, votre jurisprudence en écarte l'application lorsqu'il s'agit de matières qui tiennent à l'ordre public. » Voyez Dalloz, 1850.1.125.

vérification des conclusions des parties même défaillantes et il ne sera pas, en principe, susceptible d'opposition en vertu de la règle : « opposition sur opposition ne vaut ».

80. Reste une dernière question :

L'époux, qui a fait appel d'un jugement prononçant la séparation de corps, peut-il se désister de son appel, et rendre ainsi ce jugement définitif ?

Sur cette question, la doctrine est extrêmement divisée.

Beaucoup d'auteurs, considérant qu'aucun pouvoir au monde ne peut forcer une partie à former appel contre un jugement qu'il lui plaît de rendre définitif, estiment qu'il n'y a pas de motif pour ne pas l'autoriser à se désister d'un appel formé par elle, puisque ce désistement la replacerait dans la même situation qu'auparavant (1).

D'autres, à l'inverse, M. Demolombe, M. Garsonnet regardent ce désistement des voies de recours déjà formées comme dénué de toute efficacité (2), comme nul si le jugement attaqué a prononcé la séparation de corps (3).

D'autres auteurs, enfin, estimant ces deux solutions trop générales, proposent une distinction : si le désistement a lieu alors que, le délai d'appel n'étant pas expiré, l'appelant, malgré son désistement de l'instance, conserve la faculté d'interjeter encore appel du jugement, le désistement devrait être considéré comme valable (4), car il n'a pas pour effet de rendre définitif le jugement et, par suite, il ne peut être assimilé à un acquiescement au jugement ; si le désistement intervient au contraire à une époque où les délais d'appel sont expirés, et qu'il n'y ait plus possibilité de faire un nouvel appel, le désistement équivaut en

(1) Carpentier, *Rép. alph.*, v° *Divorce et séparation de corps*, n° 2839 et les auteurs cités dans ce numéro.

(2) Demolombe, t. IV, n° 490.

(3) Garsonnet, § 1374, t. VI, p. 549.

(4) Voyez Lacoste, note sous Cass., 10 janvier 1894, S. 1895.1.81.

réalité à un acquiescement, et il ne saurait produire effet (art. 249, C. civ.).

Quant à la jurisprudence, elle n'est pas moins divisée. De nombreux arrêts ont admis la validité d'un désistement de l'appel formé contre un jugement prononçant la séparation de corps (1). Quelques-uns reconnaissaient seulement à l'autre époux le droit d'exiger que la validité du désistement fût soumise à l'appréciation de la Cour (2).

Toutes ces décisions sont relatives à la séparation de corps, mais, tout récemment, la Cour de Rouen (3) a, par deux arrêts successifs, décidé que, même en matière de divorce : « la disposition de l'article 249 du Code civil ne saurait être étendue, par voie d'analogie, au désistement » ; le législateur, qui n'admet pas que le divorce ait lieu par consentement mutuel, a voulu seulement interdire à la partie contre laquelle il a été prononcé, de renoncer aux voies de recours qui lui sont ouvertes et de consentir à l'exécution immédiate du jugement ou de l'arrêt en y donnant son acquiescement sans attendre l'expiration des délais légaux ; le désistement, différent en cela de l'acquiescement, laisse subsister le droit, pour la partie qui s'est désistée d'un premier appel, d'en former un nouveau tant que les délais n'en sont pas expirés et n'entraîne pas, dès lors, les conséquences que l'article 249 a pour but d'éviter ; il faut donc reconnaître qu'en matière de divorce, comme en toute autre matière, le désistement, qui n'est prohibé par aucune disposition de loi, doit être déclaré valable, si la partie à laquelle il a été régulièrement signifié refuse de l'accepter.

(1) Poitiers, 16 janvier 1849, S. 1851.2.35 ; Cass., 11 mai 1859, S. 1859. 1.574 ; Orléans, 5 novembre 1853, S. 1854.2.441 ; Colmar, 26 janvier 1854, S. 1854.2.505.

(2) Orléans, 5 novembre 1854, S. 1854.2.241 ; Voir note sous Nancy, 17 janv. 1891, S. 1891.2.112.

(3) Rouen, 5 janvier 1895, S. 1897.2.207 ; Rouen, 30 janvier 1897, S. 1897. 2.239.

C'est aussi l'opinion admise par le parquet de la Seine qui, dans sa circulaire adressée aux maires du ressort le 25 juillet 1897, décidait que : « En matière de divorce, nul ne peut se désister du droit qu'il a d'interjeter appel ou de se pourvoir en cassation ; mais une fois l'appel interjeté ou le pourvoi formé, le désistement est possible. »

Mais les arrêts les plus récents décident généralement que le désistement doit toujours être considéré comme un acquiescement indirect qui participe trop étroitement du caractère de l'acquiescement proprement dit pour ne pas tomber comme lui sous la prohibition de l'article 249 du Code civil (1).

La Cour de cassation en a déduit cette conséquence : « que, lorsque, à la suite d'un jugement rendu en cette matière, l'une des parties a régulièrement investi les juges d'appel, il est du devoir de ceux-ci d'examiner si le divorce qui a été prononcé par les premiers juges a été légalement déclaré, et il ne peut dépendre de l'appelant par son abstention de soutenir l'appel qu'il a interjeté, de mettre la Cour d'appel dans l'impossibilité d'exercer le contrôle dont la loi lui fait un devoir et de l'obliger à maintenir une décision qu'elle considérerait comme ayant été illégalement prononcée (2) ».

Ceci revient à dire que le désistement est sans valeur, qu'il doit être tenu pour nul et non avenu, et que, le désistement étant nul, la Cour saisie de la connaissance du litige par l'appel régulièrement interjeté ne peut en faire

(1) Nancy (motifs), 17 janvier 1891, S. 1891.2.112 ; Paris, 27 novembre 1891, *Gaz. des trib.*, 15 décembre 1891 ; Paris, 4 juin 1892, S. 1892.2.279. Dans une matière différente, celle des pouvoirs du tuteur, la Cour de cassation a dit que : « le désistement d'appel n'est autre chose qu'un acquiescement à la décision des premiers juges ». Cass., 10 janvier 1894, S. 1895.1.81. Cf. Limoges, 27 mars 1895, S. 1896.2.175 ; Cass., 22 mars 1897, S. 1897.1. 309.

(2) Cass., 23 octobre 1889, S. 1890.1.64 sur rapport de M. le conseiller Féraud-Giraud.

état ni se borner à en donner acte ; elle doit rechercher si le jugement a été bien ou mal rendu et si le divorce a été à bon droit prononcé (1). Et ceci est vrai, soit que le désistement ait été donné expressément en termes formels, soit qu'il ait eu lieu tacitement par le fait que l'appelant s'abstient de suivre l'instance et reste défaillant. La Cour de cassation en a conclu que : « la Cour de Paris tout en donnant défaut contre l'appelant, au lieu de le renvoyer purement et simplement de son appel envers le jugement qui prononçait le divorce au profit de sa femme, avait régulièrement procédé en examinant le mérite du jugement de première instance et qu'elle avait pu dès lors en prononcer la réformation sans violer les articles 149 et 150, 154, 343 et 470 du Code de procédure civile (2) ».

La plupart de ces décisions s'appliquent au divorce ; mais nous avons vu qu'il était absolument contraire au bon sens ainsi qu'à l'esprit de la loi d'admettre un acquies-

(1) Comp. Carpentier, *Rép. alph.*, v° *Divorce et séparation de corps* n° 2837.

(2) Cass., 23 octobre 1889, S. 1890.1.64. Nous avons dit plus haut, n° 79, p. 369, n° 1, que la Cour de cassation faisait une exception aux règles concernant le défaut-congé quand il s'agit de matières qui tiennent à l'ordre public. « Cette exception reconnue, est-ce le cas de la prendre ici pour règle ? disait M. Féraud-Giraud dans son rapport. Il s'agit du mariage et de sa dissolution, c'est-à-dire de l'établissement et de la constitution de la famille, des droits sociaux des conjoints et de leurs enfants, n'est-ce pas là une matière tenant à l'ordre public ? Il s'agit spécialement d'un divorce, c'est-à-dire de la dissolution du mariage, de la rupture du lien conjugal, ne suffit-il pas de dire que rien de pareil n'est laissé à l'arbitraire des citoyens, ne peut être l'objet de conventions privées, d'accords volontaires, de transactions, de stipulations d'aucune sorte, notamment de désistement ou d'acquiescement ? Le divorce par consentement mutuel, notre loi l'a aboli. Le divorce ne peut être prononcé que par l'autorité judiciaire, la demande doit être instruite et jugée dans des conditions déterminées par la loi, et le divorce prononcé dans les cas qu'elle prévoit. Donc cette matière est spécialement réservée à l'autorité judiciaire, qui ne peut s'abstenir et se borner à sanctionner l'acquiescement de l'une des parties. » Rapport de M. le conseiller Féraud-Giraud ; Cass., 23 octobre 1889, S. 1890. 1.64.

cement quelconque en matière de séparation de corps (1) (arg. art. 244, C. civ.) ; il faut de même rejeter tout désistement d'une voie de recours exercée contre le jugement qui prononce la séparation de corps. Trop souvent, l'époux coupable pourrait puiser dans la menace d'une action ou d'une résistance à un jugement de première instance la source de profits scandaleux, l'occasion d'un chantage honteux contre son conjoint. Ces mêmes principes doivent être appliqués à la séparation de corps comme au divorce.

Nous concluons donc : tout désistement, exprès ou tacite, est inutile ; il ne fait en rien disparaître la nécessité d'une décision de la Cour d'appel et c'est de cette décision que résultera la séparation de corps.

81. En résumé, la séparation de biens peut résulter, soit d'un jugement de première instance, soit d'un arrêt de la Cour d'appel.

I. Quand elle résulte d'un jugement de première instance :

A. Si le jugement est contradictoire, il n'a force de chose jugée que le lendemain du jour où le délai d'appel est expiré (argument des art. 244, C. civ. ; 241 et 670, C. proc. civ.), et ce délai court de la signification de la sentence (art. 248, C. civ. ; art. 443, C. proc. civ.).

B. Si le jugement est par défaut, il n'a force de chose jugée comme dans le cas précédent, que le lendemain du jour où le délai d'appel est expiré ; mais ce délai ne commence à courir qu'à partir du jour où l'opposition n'est plus recevable (art. 248, C. civ. ; art. 443, C. proc. civ.).

II. Quand la séparation résulte d'un arrêt de Cour d'appel :

(1) Le désistement à un arrêt repoussant le divorce serait, au contraire, très admissible. Cass., 29 janvier 1890, S. 1893.1.182 ; Nancy, 17 janvier 1891, S. 1891.2.112.

A. Si l'arrêt est contradictoire il acquiert force de chose jugée :

a) Dans le cas où il y a pourvoi en cassation, au jour de l'arrêt de rejet. S'il y a cassation, cet arrêt cesse d'exister ; la séparation résultera de la décision rendue par la Cour de renvoi, décision qui acquiert force de chose jugée comme les arrêts ordinaires ; il n'y a d'exception que pour l'arrêt rendu par la cour de renvoi après un second pourvoi suivi de cassation parce que cet arrêt n'est susceptible d'aucun recours et qu'il acquiert instantanément force de chose jugée.

b) Dans le cas où il n'y a pas de pourvoi, l'arrêt a force de chose jugée le lendemain du jour où le délai du pourvoi est écoulé, c'est-à-dire à l'expiration des deux mois à partir du jour où l'arrêt a été signifié à partie (art. 241 et 248, C. civ.).

B. Si l'arrêt est par défaut, il acquiert force de chose jugée :

a) Dans le cas où opposition n'a pas été formée.

α. S'il y a eu pourvoi en cassation, au jour de l'arrêt de rejet.

β. S'il n'y a pas eu pourvoi, le lendemain du jour où le délai du pourvoi est écoulé, c'est-à-dire à l'expiration de deux mois à partir du jour où l'opposition n'est plus recevable (art. 248, C. civ.).

b) Dans le cas où opposition a été faite, c'est la sentence sur opposition, quel qu'en soit le dispositif, qui doit être seule considérée.

Dans tous les cas, il ne peut y avoir ni acquiescement à une décision prononçant la séparation de corps, ni désistement d'une voie de recours exercée (art. 249, C. civ.).

Un jugement ou arrêt prononçant la séparation de corps a donc acquis force de chose jugée quand il n'est plus susceptible d'aucune voie de recours, après l'expiration intégrale des délais légaux, ou parce que toutes les voies de recours ont été épuisées (1).

(1) Nous n'avons pas cru devoir parler de la requête civile ; certains auteurs croient que ce moyen extraordinaire de recours n'est pas admis en matière de divorce ; fût-il admis en matière de séparation de corps, ce moyen est si peu en usage qu'il est préférable de le passer sous silence. Demangeat sur Mourlon, t. I (13e édition), p. 466, note 2.

CHAPITRE V

QUELS SONT LES TIERS A L'ÉGARD DESQUELS LE JUGEMENT DE SÉPARATION DE CORPS NE PEUT RÉTROAGIR ?

82. Le mot *tiers* sert à désigner en général toute personne autre que celles qui ont figuré dans un acte juridique, c'est-à-dire toute personne qui n'a pas participé à tel acte ou qui n'y a pas été valablement représentée.

Si ce mot était toujours employé dans ce même sens, son interprétation ne donnerait lieu à aucune difficulté, car il ne désignerait jamais que des personnes, qui n'auraient aucun intérêt à intervenir dans les discussions susceptibles d'être soulevées à l'occasion de la reconnaissance, de l'exécution, de la rescision ou de la résolution des actes juridiques.

Mais il s'en faut que le mot *tiers* soit toujours employé ainsi dans son sens général, le plus souvent au contraire ce mot est employé par opposition au terme ayant cause, et, dans ce cas, les plus grandes difficultés ont été soulevées pour en déterminer la portée et le sens précis, difficultés d'autant plus grandes que la loi ne présente, dans ses termes, aucune fixité et qu'elle donne à ce mot les valeurs les plus diverses.

« Suivant la nature de la contestation et les prétentions qui se trouvent en conflit, la même personne est tantôt l'ayant cause de telle autre personne, tantôt un tiers, de sorte que la signification des mots *tiers* et *ayants cause* ne peut pas se déterminer d'une manière absolue et *a priori*, et que le sens véritable et relatif de ces termes doit être fixé *secundum subjectum materiam* » (1).

83. Nous allons passer en revue les principales hypothèses dans lesquelles la loi a employé le mot *tiers* en essayant d'indiquer, pour chacune d'elles, la valeur précise de ce terme ; nous essaierons ensuite d'établir le sens exact de ce mot dans notre matière.

a) *Transfert de propriété.*

D'après le Code civil, la propriété des immeubles est transférée à titre onéreux par le seul consentement (art. 1138, 1140 et 1583, C. civ.). Mais, depuis la loi du 23 mars 1855, le transfert de propriété et la constitution des autres droits visés dans les articles 1 et 2 de cette loi ne sont opposables aux tiers qu'à dater de la transcription des actes constitutifs de ces droits sur les registres du conservateur des hypothèques.

Quel est ici le sens du mot *tiers* ?

La loi du 23 mars 1855 nous l'indique elle-même : dans l'espèce, les tiers sont « tous ceux qui ont acquis des droits sur l'immeuble et qui les ont conservés en se conformant aux lois » (art. 3).

Quand le transfert de propriété ou des droits réels susceptibles d'hypothèque a lieu à la suite d'un acte à titre gratuit, le mot tiers a un sens plus large : il comprend tous ceux qui ont intérêt à se prévaloir du défaut de transcription, à l'exception de ceux qui auraient été chargés par la loi de faire faire la transcription ou des héritiers du donateur (art. 941, C. civ.).

b) *Effets des conventions.*

En vertu de l'article 1165 du Code civil « les conventions ne nuisent point au tiers, et elles ne lui profitent que dans le cas prévu par l'article 1121 ».

(1) Aubry et Rau, 5e édition, t. II, § 175, p. 97 et note 7 renvoyant aux articles 941, 1322 et 1328 du Code civil.

Ici, le mot *tiers* est pris dans le sens le plus large que nous avons indiqué plus haut. Cette disposition de la loi est une reproduction de l'adage : « *Res inter alios acta aliis nec nocere nec prodesse potest* ». Elle contient en somme un axiome qu'il était superflu d'insérer dans la loi.

c) *Contre-lettres.*

Il en est tout différemment ici.

Les contre-lettres ne peuvent avoir leur effet qu'entre les parties contractantes, dit l'article 1321 du Code civil ; elles n'ont point d'effet contre les tiers.

La formule est analogue à celle de l'article 1165 du Code civil ; mais ces tiers, dont il est question ici, ne sont plus des personnes absolument étrangères à la convention, car celles-ci n'auraient aucun intérêt à critiquer la contre-lettre ; les tiers dont parle l'article 1321 du Code civil, sont : « tous ceux qui n'ayant pas figuré dans la contre-lettre ont intérêt à invoquer les dispositions de l'acte ostensible et simulé, pour sauvegarder les droits qu'ils tiennent des parties contractantes » (1).

Dans cette matière, les tiers sont tous ceux qui n'ayant pas figuré à la contre-lettre, ne sont ni héritiers, ni successeurs universels des parties ; ce sont les ayants cause et successeurs à titre particulier des parties qui doivent être considérés comme des tiers, et il faut y comprendre tous les créanciers même simplement chirographaires, des parties ; il suffit qu'ils aient intérêt à contester la contre-lettre (2).

d) *Certitude de la date des actes sous seing privé.*

Les actes sous seing privé n'ont de date contre les tiers que du jour où ils ont été enregistrés, du jour de la mort de celui ou de ceux qui les ont souscrits, ou du jour où leur substance est constatée dans des actes dressés par des

(1) Baudry-Lacantinerie, *Précis*, t. II, n° 545, p. 349.

(2) Cass. civ., 8 mars 1893, S. 1893.1.194, la note et les renvois.

officiers publics, tels que procès-verbaux de scellés ou d'inventaire (art. 1328, C. civ.).

Quels sont les tiers dont il est question ici ?

Il ne peut s'agir des tiers dont parlait l'article 1165 du Code civil, puisqu'ils n'ont ni à profiter, ni à souffrir de l'acte juridique que constate l'écrit sous seing privé dont il s'agit.

Il ne peut s'agir non plus des héritiers et ayants cause universels ou à titre universel (art. 1319 et 1322, C. civ.).

Les tiers, en faveur desquels la disposition de l'article 1328 a été écrite, sont les ayants cause à titre particulier, à qui on oppose un acte sous seing privé émané de leur auteur, acte auquel ils n'ont pas figuré et qui tend à détruire ou à altérer les droits qu'ils tiennent de lui (1).

e) *Actes confirmatifs.*

D'après l'article 1338 du Code civil, la confirmation, ratification ou exécution volontaire, dans les formes et à l'époque déterminées par la loi, d'une obligation contre laquelle la loi admet l'action en nullité ou en rescision, emporte la renonciation aux moyens et exceptions que l'on pouvait opposer contre cet acte, sans préjudice néanmoins du droit des tiers.

Quels sont les tiers que vise cette disposition ?

Ce sont tous les ayants cause à titre particulier qui ont acquis des droits de celui de qui émane la confirmation, depuis la date de l'acte nul ou rescindable et avant la ratification.

f) *Cession de créances.*

D'après l'article 1690 du Code civil, le cessionnaire d'une créance n'est saisi à l'égard des tiers que par la signification du transport faite au débiteur ou par l'acceptation du transport faite par le débiteur dans un acte authentique.

(1) Baudry-Lacantinerie, t. II, nº 539, p. 346.

Quels sont les tiers que vise l'article 1690 du Code civil ?

Ce sont tous ceux qui n'ont pas été parties à la cession et qui ont un intérêt légitime à la connaître et à la contester, c'est-à-dire :

1° Le cédé (art. 1691, 1295 et 2214, C. civ.) ;

2° Tous ceux qui ont acquis du chef du cédant des droits sur la créance cédée (art. 1690 et 2075, C. civ.) ;

3° Les créanciers chirographaires du cédant (art. 2092, C. civ.). C'est ainsi que les créanciers d'un failli, bien qu'ils soient les ayants cause du failli comme substitués à ses droits, n'en sont pas moins des tiers, comme représentant la masse de la faillite, en tant qu'elle a des droits à défendre contre les actes du failli, et notamment celui de conserver dans son actif les valeurs qu'il en aurait fait sortir. La Cour de cassation en a conclu que les créanciers du failli sont recevables à demander la nullité d'un transport consenti par leur débiteur, par le motif que ce transport n'aurait pas été signifié en temps utile au débiteur cédé (1).

D'une manière générale, on peut entendre par tiers, dans cette espèce, toutes personnes ayant des intérêts et des droits distincts du cessionnaire et du cédant.

g) *Tierce opposition.*

Aux termes de l'article 474 du Code de procédure civile, « une partie peut former tierce opposition à un jugement qui préjudicie à ses droits, et lors duquel, ni elle, ni ceux qu'elle représente n'ont été appelés ».

Pour savoir quels sont les tiers qui peuvent user de cette voie de recours extraordinaire, il faut remarquer que la tierce opposition reçoit deux applications différentes (2) :

(1) Cass., 4 janvier 1847, S. 1847.1.161.

(2) On est généralement d'accord sur ce point. Lyon-Caen, note sous Cass., 15 février 1898, S. 1899.1.305.

1° La tierce opposition est donnée aux personnes qui ont à se plaindre d'une fraude par suite de laquelle un jugement a été rendu.

Dans ce cas, il n'y a aucune difficulté : toute personne intéressée à faire annuler un acte frauduleux pourra exercer la tierce opposition contre les jugements qui pourraient valider cet acte, mais à la condition de prouver le préjudice et l'intention dolosive des parties (1).

2° La tierce opposition est ouverte aux tiers qui, en invoquant la règle de l'autorité relative de la chose jugée, veulent empêcher qu'un jugement, qui leur préjudicie, soit invoqué contre eux.

Ces mêmes personnes pouvaient garder une attitude purement passive pendant l'instance et même l'exécution entre les parties, puis, lorsque le jugement leur aurait été opposé, invoquer la règle *res inter alios judicata aliis nec nocere nec prodesse potest.*

Mais elles peuvent procéder directement par la voie de la tierce opposition et cette manière de faire leur procure l'avantage de prévenir tout préjudice résultant de l'exécution matérielle du jugement puisque, sur leur demande, les juges pourront suspendre l'exécution du jugement attaqué (2).

Pour déterminer quels sont les tiers qui peuvent ainsi opter entre ces deux moyens, il faut se rappeler les principes de l'article 1351 du Code civil. Ce qui exclut, non seulement les parties (3), mais encore tous ceux qu'elles représentent : créanciers chirographaires (4), successeurs universels.

(1) Cass., 2 février 1870, S. 1870.1.191.

(2) Cf. Mourlon, revu par Naquet, *Procédure civile*, n° 671, p. 759.

(3) Cass., 7 avril 1894, S. 1898.1.359.

(4) Mentionnons qu'en 1874, la Cour de cassation est revenue sur sa jurisprudence antérieure en décidant que les créanciers chirographaires ne sont pas représentés par leur débiteur lorsqu'il s'agit de litiges portant

Les successeurs à titre particulier, au contraire, ne peuvent invoquer et l'on ne peut invoquer contre eux que ce qui a été jugé avec leur auteur antérieurement à l'événement qui leur a transféré ses droits en tout ou en partie.

Il en est des décisions judiciaires comme des conventions, qui ne sauraient avoir d'effet à l'égard des tiers nantis d'un droit réel sur l'immeuble, que si elles sont antérieures à la constitution de ce droit réel (1).

Par conséquent, en dehors du cas de fraude, les tiers qui peuvent attaquer un jugement par voie de tierce opposition sont tous ceux qui ont acquis des droits réels antérieurement à ce jugement.

La jurisprudence, dans son dernier état, décide cependant en principe qu'un débiteur représente ses créanciers, même hypothécaires, dans les jugements rendus entre lui et les tiers ; mais cette règle cesse d'être applicable, quand le créancier excipe de moyens qui lui sont personnels et que le débiteur n'avait pas pu opposer ; le créancier hypothécaire peut, en ce cas, former tierce opposition au jugement (2).

84. Quels sont les tiers à l'égard desquels le jugement de divorce ne peut rétroagir?

D'après l'article 252 § 5 du Code civil examiné, sinon dans son texte, du moins dans les explications fournies sur

sur le point de savoir comment se répartira, entre les créanciers, l'émolument de son patrimoine ; le débiteur, sans intérêt dans de pareils litiges, est par là même sans qualité pour représenter les créanciers. Cass., 16 novembre 1874, S. 1875.1.65. D'autre part, dans l'espèce d'un arrêt de cassation du 12 mai 1869, la femme se trouvait en conflit avec le syndic de la faillite de son mari ; le syndic représentait des créanciers chirographaires antérieurs au jugement ; la Cour décida que ces créanciers étaient des tiers « à l'égard desquels la séparation de biens n'a d'effet que du jour du jugement de séparation de corps ». Cass., 12 mai 1869, Sirey, 1869.1.301.

(1) Bonnier (édit. Larnaude), n° 879, p. 719.

(2) Cass., 25 octobre 1893, S. 1894.1.228 ; Cass., 6 février 1895, S. 1895.1.229 ; Cass. req., 9 juin 1896, S. 1898.1.390.

ce paragraphe par le rapporteur de la loi, M. Labiche, le jugement de divorce ne rétroagit pas à l'égard des tiers.

Que devons-nous entendre par tiers dans cette espèce ?

D'après certains auteurs, si l'on veut comprendre quels sont les tiers pour lesquels l'effet rétroactif du divorce n'existe pas, il faut se rappeler pourquoi le jugement de divorce ne rétroagit pas à l'égard des tiers : « C'est, dit M. Coste, parce que si la rétroactivité du divorce avait lieu à leur égard, les tiers dont les droits seraient accrus ou diminués suivant l'issue incertaine de l'instance, seraient engagés à spéculer sur l'événement du procès, à en escompter à l'avance le gain ou la perte et auraient la tentation d'intervenir d'une façon plus ou moins ouverte dans les démêlés des époux, alors qu'ils doivent y demeurer indifférents (1). »

A quelles personnes ces raisons sont-elles applicables ?

A celles-là seules dont les droits sont antérieurs à la demande ou sont nés au plus tard avant que le divorce ne soit devenu définitif par la transcription ; celles-là seules seront des tiers.

Mais quant aux personnes dont les droits sont nés postérieurement à la transcription, on ne peut les soupçonner d'avoir eu un intérêt quelconque à ce que le divorce eût lieu ou non ; ce seront des ayants cause ; l'effet rétroactif du jugement de divorce pourra leur être opposé et elles seront en droit de s'en prévaloir (2).

D'après ce système, il faut considérer comme des tiers « tous ceux qui ont acquis des droits réels sur les biens de la communauté, du mari ou de la femme, avant ou après la demande, mais antérieurement à la transcription, les créanciers de la communauté, les créanciers personnels du mari ou de la femme quelle que soit la cause de

(1) Coste, p. 102.
(2) Coste, p. 103.

leur créance, pourvu qu'elle soit née antérieurement à la transcription (1) ; peu importe que ces créanciers agissent en vertu des droits qu'ils tiennent de la loi, ou seulement comme exerçant les droits et actions de leur débiteur ; dans les deux cas, leur influence serait également à craindre.

« Au contraire seront des ayants cause les héritiers des époux dont le droit ne peut naître qu'après la transcription, puisque le décès de l'un ou de l'autre des époux avant l'accomplissement de cette formalité met obstacle à ce que le divorce devienne définitif ; leurs autres successeurs universels ou à titre universel ; tous acquéreurs ou créanciers avec lesquels ils ont traité ou envers lesquels ils se sont obligés depuis la transcription (2). »

Cette solution nous paraît exacte, mais elle découle, à notre avis, d'un autre principe : c'est que, jusqu'à la transcription, le jugement de divorce n'est pas définitif ; ce n'est qu'après la transcription et par la transcription que le divorce est définitivement acquis, que la situation nouvelle est définitivement créée.

Dès lors tous ceux qui ont acquis des droits avant ce jour de la transcription peuvent s'en prévaloir et ils ne doivent subir aucun préjudice à raison de la situation nouvelle qui est faite aux époux ; mais, nous le répétons, ceci dérive de ce que le divorce n'existe que par la transcription (art. 244 et 252, C. civ.).

Nous devons faire observer que la loi impose pour le divorce certaines mesures de publicité autres que la transcription.

Avant 1886, l'article 881 du Code de procédure civile

(1) La femme ne peut contester la date d'un acte sous seing non enregistré, s'il a été passé par le mari en qualité d'administrateur de la communauté, quand elle accepte cette communauté.

(2) Coste, p. 103.

décidait qu'à l'égard du divorce il serait procédé comme il est prescrit au Code civil.

Cet article a été abrogé par la loi du 18 avril 1886 qui, dans l'article 250 du Code civil, édicte : « Extrait du jugement ou de l'arrêt qui prononce le divorce est inséré aux tableaux exposés tant dans l'auditoire des tribunaux civils et de commerce que dans les chambres des avoués et des notaires.

« Pareil extrait est inséré dans l'un des journaux qui se publient dans le lieu où siège le tribunal, ou, s'il n'y en a pas, dans l'un de ceux publiés dans le département. »

Mais quelle est la sanction du défaut ou de l'irrégularité de ces mesures de publicité ?

S'il s'agit d'un divorce entre époux dont l'un est commerçant, l'article 66 du Code de commerce indique une sanction : « tout jugement qui prononcera une séparation de corps ou un divorce entre mari et femme, dont l'un serait commerçant, sera soumis aux formalités prescrites par l'article 872 du Code de procédure civile ; à défaut de quoi, les créanciers seront toujours admis à s'y opposer, pour ce qui touche leurs intérêts, et à contredire toute liquidation qui en aurait été la suite ».

Cet article est formel : les créanciers pourront faire tierce opposition contre le jugement de divorce à défaut de publicité (1).

Certains auteurs ont soutenu que la tierce opposition ne pouvait être exercée dans ce cas (2).

Mais cette opinion doit être nettement rejetée.

(1) L'article 66 du Code de commerce vise deux cas :

1° Celui où le jugement n'a pas été publié dans la forme indiquée ;

2° Celui où, même ainsi publié, il a été rendu en fraude des droits des créanciers, car on ne peut admettre un seul instant qu'il dépende de l'époux demandeur d'éluder l'application de l'article 1167 du Code civil, en publiant le jugement dans les formes prescrites.

(2) Raymond Bufnoir, Thèse, p. 60.

Il ne faut pas oublier que la tierce opposition et la décision qui l'admet n'ont d'effet qu'à l'égard et au profit du tiers opposant, la décision primitive conservant toute sa force et continuant d'avoir l'autorité de la chose jugée entre les parties qui y ont figuré, sauf le cas d'une indivisibilité absolue, d'où résulterait l'impossibilité d'exécuter en même temps les deux décisions (1).

Le jugement annulé au regard des créanciers n'en aura pas moins effet à l'égard des époux (2). Le divorce ne peut être annulé à la demande des créanciers, il sera maintenu, mais le jugement ne pourra préjudicier aux intérêts des créanciers et c'est dans la limite où ces intérêts seraient lésés que le jugement sera rendu inefficace.

Nous verrons plus loin que la tierce opposition doit être admise, d'après les principes généraux, même en dehors des cas d'application de l'article 66 du Code de commerce.

S'il s'agit au contraire d'un divorce entre non-commerçants, le défaut ou l'irrégularité des mesures de publicité prescrites par cet article n'est pas sanctionné par la loi.

Certains auteurs ont imaginé de donner à l'officier de l'état civil le droit de se refuser à opérer la transcription tant qu'il n'aurait pas été justifié de l'accomplissement des prescriptions légales (3). Mais ceci est purement arbitraire ; aucun texte ne permet à l'officier d'état civil de se faire juge de l'utilité des mesures de publicité prescrites par la loi.

Il ne peut en résulter non plus nullité de l'exécution, car les nullités ne se suppléent pas.

D'ailleurs la transcription sur les registres de l'état civil constitue une publicité autrement efficace et sérieuse que la publicité résultant d'un affichage sous d'épais gril-

(1) Cass., 5 décembre 1882, S. 1884.1.193.
(2) Cass., 10 mai 1875, S. 1875.1.292.
(3) Carpentier, t. II, n° 147, p. 169.

lages et d'insertions dans des journaux que personne ne lit ; car les registres de l'état civil sont publics d'une manière permanente et il est toujours facile de les consulter.

Peut-être pourrait-on dire avec M. Carpentier : « La seule conséquence à tirer de l'omission dont s'agit ne consiste-t-elle pas dans la faculté ouverte aux tiers lésés de réclamer des dommages-intérêts aux avoués négligents, par analogie de ce qui se passe dans le cas de l'article 1397 du Code civil (1). »

Mais cette sanction, la seule qui ait une apparence de raison, n'est pas davantage admissible, car le défaut d'affichage ou d'insertions ne pourrait causer un préjudice à des tiers que si cette publicité avait pour effet de rendre le divorce opposable à ces tiers. Or il n'en sera jamais ainsi : si cet affichage et ces insertions ont lieu avant la transcription, ils n'ont aucun effet, puisque c'est par la transcription que le divorce est définitivement acquis à l'égard de tous ; si, au contraire, cet affichage et ces insertions ont lieu après la transcription, ils n'ont aucun effet non plus puisque, par la transcription, le divorce est devenu définitif à l'égard des tiers comme à l'égard des époux.

Le seul effet pratique de la publicité, et c'est ce qui fait que l'avoué de la femme a toujours intérêt à accomplir le plus tôt possible ces mesures de publicité, c'est qu'il sera peut-être plus facile à la femme de prouver la fraude de ceux qui contractent avec le mari après cette publicité et par suite d'obtenir la nullité des actes faits par le mari en fraude de ses droits (art. 243, C. civ.).

« Il est bien entendu toutefois, dit encore M. Carpentier, qu'il en serait autrement si les créanciers pouvaient établir une fraude véritable de la part de leur co-contrac-

(1) Carpentier, *Rép. alph.*, v° *Divorce et séparation de corps*, n° 3159.

tant, car la fraude fait exception à toutes les règles (1). » Le principe est exact, mais nous croyons qu'il ne peut trouver son application dans l'espèce, car il ne saurait y avoir fraude à ne pas accomplir une publicité qui n'a aucun effet.

Nous écartons sans hésitation, ajoute M. Carpentier, l'application de l'argument *a contrario* tiré de l'article 870 du Code de procédure civile, car la tierce opposition qui suppose le droit d'intervention des créanciers n'est admise qu'en matière de séparation de biens, et ne saurait se concevoir dans une question aussi personnelle que les instances en divorce.

Il y a ici une nouvelle erreur de M. Carpentier : sans doute les créanciers ne peuvent intervenir dans une instance de divorce parce qu'il s'agit d'une question d'état ; mais, une fois le divorce prononcé, il ne faut pas oublier que les effets du jugement sont complexes ; pour les effets relatifs à la personne des époux ou des enfants, le jugement est opposable à tous ; mais, quant aux effets pécuniaires, les tiers peuvent parfaitement faire tierce opposition « pour ce qui touche leurs intérêts, et contredire toute liquidation qui en aurait été la suite », ainsi que le dit l'article 66 du Code de commerce. Bien que cet article soit spécial aux commerçants, nous n'hésiterons pas à décider, en vertu des principes généraux, que la tierce opposition est admissible contre un jugement de divorce afin d'empêcher le préjudice pécuniaire qui pourrait en résulter pour les tiers.

Ainsi les tiers peuvent faire tierce opposition qu'ils aient ou non eu connaissance de la publicité prescrite par l'article 250 du Code civil et la seule publicité qui modifie la situation des époux comme celle des tiers, c'est la trans-

(1) Carpentier, t. II, n° 147, p. 169.

cription parce que c'est de la transcription que date le divorce. Par suite ceux qui pourront former tierce opposition seront ceux qui auront acquis des droits antérieurement au jour où le divorce est acquis, c'est-à-dire avant la transcription.

Ceci confirme la définition que nous avons donnée précédemment : les tiers sont tous ceux qui ont acquis des droits, du chef des époux, antérieurement à la transcription.

85. Quels sont les tiers à l'égard desquels le jugement de séparation de corps ne peut rétroagir ?

Nous avons vu que la séparation de corps n'est définitivement acquise que le jour où la décision judiciaire qui la prononce est passée en force de chose jugée (arg. art. 244, C. civ.).

Par conséquent, la séparation de corps ne pourra produire d'effet à l'égard des tiers avant le jour où la situation nouvelle sera créée définitivement (1).

Mais, pour la séparation de corps, la transcription sur les registres de l'état civil n'étant pas requise comme pour le divorce, nous n'avons pas d'acte qui fixe la date à laquelle la situation nouvelle est créée. Il faut donc tenir le plus grand compte de l'exécution et de la régularité des mesures de publicité que prescrit la loi pour le jugement de séparation de corps et nous devons reconnaître que la séparation de biens résultant de la séparation de corps ne peut être opposée aux tiers qu'à partir de la publication et de l'affiche du jugement qui a prononcé la séparation

(1) Dans l'espèce d'un arrêt de Lyon du 16 juillet 1881, la femme prétendait opposer l'effet rétroactif du jugement de séparation de corps à un créancier hypothécaire du mari, dont le droit était né et dont l'hypothèque avait été inscrite sur un immeuble de la communauté pendant la durée de l'instance ; il fut jugé que ce créancier devait être considéré comme un tiers. Lyon, 16 juillet 1881, Sirey, 1882.2.237.

de corps, peu importe que leurs droits soient antérieurs ou postérieurs à ce jugement (1).

Nous dirons donc que les tiers, à l'égard desquels le jugement de séparation de corps ne peut rétroagir, sont tous ceux qui ont acquis des droits du chef des époux antérieurement à la publicité donnée à la décision judiciaire qui prononce la séparation de corps, après que cette décision est passée en force de chose jugée.

Cette formule si simple ne peut être contestée, mais, en pratique, elle soulève des difficultés d'application à raison de la rédaction contradictoire de deux dispositions de la loi.

Les dispositions de la loi sont différentes en effet suivant que l'un des époux est ou non commerçant.

a) *Non-commerçant.*

Aux termes de l'article 880 du Code de procédure civile: « Extrait du jugement qui prononcera la séparation sera inséré aux tableaux exposés tant dans l'auditoire des tribunaux que dans les chambres d'avoués et notaires, ainsi qu'il est dit article 872. »

Or il faut remarquer que l'article 872 du Code de procédure civile prescrit pour le jugement de séparation de biens :

1° La lecture publique, l'audience tenante, au tribunal de commerce du lieu, s'il y en a ;

2° L'affichage, dans l'auditoire du tribunal civil, d'un extrait du jugement, contenant la date, la désignation du tribunal où il a été rendu, les noms, prénoms, profession et demeure des époux ; cet extrait doit être inséré sur un tableau à ce destiné et exposé pendant un an ;

3° L'affichage d'un extrait contenant les mêmes men-

(1) Aubry et Rau. La bonne foi des tiers pourrait être surprise et leurs intérêts lésés par la fixation de la date de la séparation à une époque qu'ils ont dû ignorer. Paris, 25 avril 1883, S. 1884.2.133.

tions et son exposition pendant un an, dans l'auditoire du tribunal de commerce du domicile du mari, même lorsqu'il ne sera pas négociant ; et s'il n'y a pas de tribunal de commerce, dans la principale salle de la maison commune du domicile du mari ;

4° L'insertion d'un pareil extrait au tableau exposé en la chambre des avoués ;

5° L'insertion d'un pareil extrait au tableau exposé en la chambre des notaires.

Ces formalités sont prescrites :

1° A peine de nullité (art. 1445, C. civ.) de toute exécution faite avant l'accomplissement de ces formalités ;

2° A l'effet de faire courir le délai d'un an à l'expiration duquel les créanciers du mari ne sont plus reçus à se pourvoir par tierce opposition contre le jugement de séparation (art. 873, C. pr. civ.).

Si nous interprétons littéralement l'article 880 du Code de procédure civile, nous déciderons que les jugements de séparation de corps entre non-commerçants n'empruntent à l'article 872 du Code de procédure civile, que la publicité par voie d'affiches, et qu'ils peuvent n'être pas lus à l'audience du tribunal de commerce (1).

Il en résulte en outre que l'article 873 du Code de procédure civile ne paraît pas applicable non plus ; nous n'en tirerons pas cette conséquence que la tierce opposition n'est pas opposable, car nous estimons que la tierce opposition est obligatoire en notre matière.

En effet, les tiers ne peuvent pas intervenir dans l'instance en séparation de corps, ils ne peuvent pas davantage opposer l'exception *Res inter alios judicata nihil nocere nihil prodesse potest*. Le jugement de séparation de corps est constitutif de droits d'une situation nouvelle, il

(1) Garsonnet, § 1373, A. t. VI, p. 545.

crée en vertu d'une décision de l'autorité publique un état de chose nouveau ; par conséquent il a, *ergà omnes*, autorité de chose jugée : les tiers ne peuvent pas plus faire révoquer le jugement qui prononce la séparation de corps qu'ils ne pourraient faire révoquer le jugement qui prononce le divorce. Mais les créanciers peuvent toujours exercer, une fois la séparation de corps prononcée, tous les droits que la loi leur réserve dans la liquidation de la communauté dissoute par la séparation de biens (1).

La conséquence qui résulte de la non-application de l'article 873 du Code de procédure civile, c'est que le délai fixé par cet article ne sera pas imposé aux non-commerçants qui, restant soumis au droit commun, pourront, qu'il y ait eu ou non publicité, faire tierce opposition pendant trente ans (2).

b) *Commerçants.*

L'article 66 du Code de commerce renvoie purement et simplement à l'article 872 du Code de procédure civile, c'est-à-dire au système général de ce Code en matière de séparation de biens.

Il en résulte que le jugement de séparation de corps rendu entre époux, dont l'un au moins est commerçant, doit recevoir la double publicité qui résulte de la lecture à la dite audience et des affiches prescrites par l'article 872 du Code de procédure civile et qu'il est soumis aussi à l'article 873 du Code de procédure civile, qui restreint à un an le délai de la tierce opposition quand le jugement a été dûment publié.

Cette distinction entre les commerçants et les non-commerçants est absurde, mais elle résulte de l'interprétation littérale des articles 880 du Code de procédure civile et 66 du Code de commerce.

(1) Garsonnet, § 1362, t. VI, p. 474, note 9.
(2) Garsonnet, *Traité*, § 1375, t. VI, p. 554 et 555.

Dans tous les cas, cette distinction ne porte aucune atteinte à notre définition et nous concluons que les tiers, à l'égard desquels le jugement de séparation de corps ne peut rétroagir, sont ceux qui ont acquis des droits du chef de l'un des époux antérieurement au jour où le jugement passé en force de chose jugée a été publié par affiches et insertions, conformément aux articles 880 du Code de procédure civile et 66 du Code de commerce.

CONCLUSION

Nous avons dit qu'aux termes de l'article 252 § 5 du Code civil modifié par la loi du 18 avril 1886 : « Le jugement de divorce dûment transcrit remonte, quant à ses effets entre époux, au jour de la demande ». Et le rapporteur de la loi au Sénat a présenté cette disposition comme la consécration de la jurisprudence relative à la séparation de corps.

Nous avons examiné cette jurisprudence et nous avons constaté que l'origine de la discussion se trouvait dans ce fait que la séparation de corps engendre toujours la séparation de biens (art. 311, C. civ.).

Or l'article 1445 du Code civil dit que le jugement qui prononce la séparation de biens remonte, quant à ses effets, au jour de la demande.

La difficulté est de savoir si cette rétroactivité est applicable à toute séparation.

Quand il s'agit d'une séparation de biens principale, nous avons vu que la règle de la rétroactivité est générale et absolue, ce qui n'offre aucun inconvénient pour les tiers, puisque la demande et le jugement sont également publiés (art. 866, 867, 868 et 872, C. pr. civ.).

Mais quand la séparation de biens résulte d'un jugement de séparation de corps, il est difficile d'appliquer sans restriction l'article 1445 du Code civil ; car la demande n'est l'objet d'aucune publicité et les tiers pourraient être surpris dans leur bonne foi. Ce motif a décidé la jurisprudence à créer la distinction suivante : entre les époux, la séparation de biens accessoire à une séparation de corps rétroagit entre les époux ; à l'égard des tiers, il n'y a pas de rétroactivité à cause du défaut de publicité de la demande (art. 880, C. pr. civ.).

C'est cette distinction qui a été consacrée en 1886 par le législateur dans l'article 252 § 5 du Code civil.

Mais il faut remarquer que, même entre époux, cette rétroactivité ne s'applique qu'aux effets du jugement de séparation sur les conventions matrimoniales, car la rétroactivité n'a d'effet que sur la séparation de biens et nous savons que l'influence de la séparation de biens est limitée aux règles qui sont dans le domaine des conventions matrimoniales (1).

Par conséquent, il ne saurait être question de rétroactivité, car aucun texte ne l'autorise, ni pour les effets du jugement de séparation de corps relatifs aux droits et devoirs des époux et à leurs rapports de famille, ni même pour les effets de ce jugement relatifs aux intérêts pécuniaires indépendants des conventions matrimoniales.

Tous ces effets dérivent de la situation nouvelle que crée le jugement de séparation de corps ; en l'absence d'une disposition contraire, ils ne doivent se produire qu'au moment où cette situation nouvelle est créée ; or nous avons démontré que cette situation n'existe qu'au jour où la sentence judiciaire qui la fait naître est passée en force de chose jugée ; c'est donc à ce moment-là seulement que ces effets se produiront (Arg. art. 244, C. civ.).

Cette solution nous paraît d'autant plus s'imposer que la loi, qui cependant n'est malheureusement pas assez explicite en notre matière, en a consacré le principe dans deux dispositions :

(1) Cette innovation, disait le rapporteur de la loi de 1886 au Sénat, M. Labiche, a pour objet d'enlever aux époux la faculté de modifier, en ce qui les concerne, le patrimoine de la communauté, en avançant ou en retardant, suivant certaines combinaisons, le moment où la décision des juges sera définitive et où, par conséquent, elle produit certains effets.

1° L'article 767 du Code civil, modifié par la loi du 9 mars 1891, accorde des droits de succession au conjoint survivant « contre lequel n'existe pas de jugement de séparation de corps passé en force de chose jugée ».

2° Aux termes de l'article 7 du décret du 25 juillet 1893 relatif aux conditions d'études exigées des aspirantes au diplôme de sage-femme : « En se faisant inscrire dans une Faculté, dans une Ecole de médecine ou dans une Maternité, les aspirantes au diplôme de sage-femme déposent les pièces suivantes : ...4° en cas de séparation de corps, l'extrait du jugement passé en force de chose jugée. »

Ces deux dispositions sont intéressantes en ce que la première a trait à des intérêts pécuniaires indépendamment des conventions matrimoniales, et que la deuxième dérive de la capacité de la femme séparée quant à l'exercice des droits relatifs à la personne. Et, dans ces deux cas, le jugement qui prononce la séparation de corps ne produit ces effets qu'au jour où il est passé en force de chose jugée.

Nous pouvons exprimer ici le regret que la loi du 6 février 1893, qui a rendu à la femme le libre exercice de sa capacité civile, n'ait pas indiqué le moment précis où la femme reprend ce libre exercice de sa capacité ; mais, par analogie aux deux dispositions ci-dessus et aussi par application des principes généraux, il nous paraît évident qu'une transformation aussi complète de l'état de la femme ne peut se produire qu'au jour où la sentence qui la décide est définitive, au jour où cette sentence a acquis force de chose jugée. Et il faut bien remarquer que ce n'est qu'à ce moment là que la femme redevient capable : jusqu'à ce moment, l'incapacité de la femme mariée est maintenue et c'est une grosse erreur de la part de M. Cabouat de dire que : « durant les délais d'appel et de pourvoi en cassation, la condition de la femme est en suspens » et que « le sort des actes, qu'elle a faits dans cette période transitoire, est subordonné aux effets de l'appel ou du pourvoi dont le jugement ou l'arrêt de séparation de corps pourront être l'objet » (1). Cette opinion est absolument erronée, car la capacité de la femme ne peut exister, puisque la séparation de corps elle-même ne peut exister, qu'au jour où la sentence judiciaire qui la prononce a acquis force de chose jugée ; à ce moment là seulement la capacité de la femme séparée de corps prendra naissance et elle prendra naissance sans rétroactivité aucune.

Nous arrivons ainsi à fixer de la manière suivante le moment auquel se produisent les différents effets du jugement de séparation de corps :

1° C'est au jour de la demande, et nous avons dit que ces mots désignent le jour où l'assignation à comparaître devant le tribunal est envoyée par l'époux demandeur à l'époux défendeur, que se produisent les effets du jugement de séparation de corps relatifs aux conventions matrimoniales.

C'est donc à ce moment qu'il faudra se placer pour apprécier les effets de la séparation sur la composition de l'actif et du passif de la communauté, c'est à ce moment qu'il faudra rétroactivement se placer pour la liquidation de la communauté, enfin c'est à ce moment, et ceci est vrai sous tous les régimes, que les pouvoirs du mari prennent fin (2).

(1) Cabouat, *Explication théorique et pratique de la loi du 6 février*, 1893, p. 100. M. Cabouat a mal à propos copié l'erreur de M. Sarraud, p. 170 et 171.

(2) La Cour de cassation vient cependant de rejeter un pourvoi formé contre un arrêt de la Cour de Douai confirmant une ordonnance de référé du président du tribunal civil de Saint-Pol, qui décidait que le juge des référés peut, avant comme après un jugement de séparation de corps

Il n'y a d'exception à ce principe que dans le cas de fraude (art. 243, C. civ.), auquel cas la femme peut attaquer toute obligation contractée par le mari à la charge de la communauté, toute aliénation par lui faite des immeubles qui en dépendent, à partir de l'ordonnance rendue sur la requête de l'époux demandeur et en vertu de laquelle les parties doivent comparaître devant le juge en conciliation au jour et à l'heure qu'il indique (art. 235, C. civ.).

Mentionnons que, si c'est le défendeur qui triomphe à la suite d'une demande reconventionnelle, c'est au jour de cette dernière demande que se produisent les effets de la séparation de corps ; mais cette décision n'est qu'une application de la règle générale.

2° C'est au jour où le jugement de séparation de corps a acquis force de chose jugée, et nous avons dit que ce jour était celui où le jugement n'est plus susceptible d'aucune voie de recours, soit que ces voies de recours aient échoué, soit que le délai pendant lequel elles auraient pu être intentées soit expiré, que se produiront tous les effets moraux du mariage.

Par conséquent c'est à ce moment que les époux reprennent l'usage de leur nom (art. 311, C. civ.), que la femme cesse d'avoir pour domicile légal le domicile de son mari (art. 108, C. civ.), que la femme reprend le plein exercice de sa capacité civile (art. 311, C. civ.), que commence à courir le délai de trois ans à l'expiration duquel le jugement de séparation de corps pourra être converti en jugement de divorce sur la demande formée par l'un des époux (art. 310, C. civ.), c'est à ce moment enfin que l'autorité de l'époux au profit duquel la séparation de corps

et en cas d'urgence, décider que les objets et valeurs inventoriés, dépendant de la communauté, seront retirés des mains du mari et confiés à la garde d'un tiers. Cass., 10 juin 1898, S. 1899.1.20.

aura été prononcée et qui aura obtenu la garde de l'enfant devient prépondérante pour autoriser le mariage de cet enfant (art. 152, modifié par la loi du 20 juin 1896).

Il n'y a d'exception à ce principe que pour le cas de désaveu (art. 313, C. civ.) ; mais cette exception s'impose parce que l'impossibilité matérielle de cohabitation sur laquelle elle est basée, a commencé à exister au moment même qu'indique l'article 313 du Code civil.

Il faut adopter la même règle pour les effets du jugement de séparation de corps relatifs aux intérêts pécuniaires indépendants des conventions matrimoniales. C'est donc au moment où le jugement est passé en force de chose jugée que se produira la déchéance, infligée au conjoint survivant, contre lequel la séparation de corps a été prononcée, des droits de succession *ab intestat* édictés par l'article 767 du Code civil, par l'article 13 de la loi du 9 juin 1853 sur les pensions civiles (1), par l'article 1er de la loi du 14 juillet 1866 sur les droits des héritiers et des ayants cause des auteurs, par l'article 13 de la loi du 25 mars 1873 qui règle la condition des déportés à la Nouvelle-Calédonie et par l'article 11 de la loi du 11 mars 1889 relative au rengagement des sous-officiers ; c'est à ce moment encore que se produira la déchéance, infligée à la femme séparée de corps, de ses droits de veuve à toute pension militaire ou civile attribuée à son mari par l'article 20 de la loi du 18 avril 1831 sur les pensions de l'armée de terre et de l'armée de mer et de ses droits de veuve à une rente viagère accordée par la loi du 9 avril 1898 concernant les responsabilités des accidents dont les ouvriers sont victimes dans leur travail ; en cas d'accident suivi de mort de son mari ; c'est à ce moment encore que se produira l'extinction de tous les droits de survie, de

(1) La même règle est consacrée par le décret du 28 juillet 1887 relatif aux pensions des agents du service actif des douanes (art. 3).

quelque nature qu'ils soient, antérieurement établis au profit de l'époux contre lequel la séparation de corps est prononcée (art. 1518, C. civ. ; art. 4 du décret du 28 décembre 1886 sur le fonctionnement de la caisse des retraites pour la vieillesse) ; enfin c'est à ce moment que l'époux contre lequel le divorce aura été prononcé perd ses droits à tous les avantages que l'autre époux lui avait faits, soit par contrat de mariage, soit depuis le mariage (art. 299, C. civ.) (1).

Nous venons de constater que le principe de la non-rétroactivité a, ici comme dans tous les jugements constitutifs, une importance considérable : il n'y a pas lieu de s'en étonner puisque, nous le savons, la situation nouvelle n'est créée, la séparation de corps ne produit ses effets, n'est exécutoire, n'existe même que lorsque la sentence judiciaire a acquis force de chose jugée (art. 244, C. civ.).

3° Enfin c'est au jour où le jugement passé en force de chose jugée a été publié par voie d'affiches et d'insertions dans les journaux, conformément aux articles 880 du Code de procédure civile, et 66 du Code de commerce, que les effets du jugement de séparation sont opposables aux tiers. Faute de publicité ou si la publicité est irrégulière, « les créanciers seront toujours admis à s'y opposer pour ce qui touche leurs intérêts et à contredire toute liquidation qui en aurait été la suite, dit l'article 66 du Code de commerce ». Sauf la différence du délai pendant lequel la tierce opposition peut utilement être exercée, les non-commerçants ont le même droit. Les tiers, dont il s'agit ici, sont donc tous ceux qui ont le droit de former tierce opposition contre le jugement de séparation de corps en tant que ce jugement préjudicie à leurs droits pécuniaires ; ce sont tous les ayants cause à titre particu-

(1) Il en serait de même pour l'article 301 du Code civil si l'on décide qu'il est applicable à la séparation de corps.

lier qui ont acquis des droits du chef des époux antérieurement au jour où le jugement de séparation de corps, passé en force de chose jugée, a été publié conformément aux articles 880 du Code de procédure civile et 66 du Code de commerce.

On le voit, le principe de la rétroactivité qui paraît si absolu quand on considère les termes de l'article 252 § 5 et les déclarations de M. Labiche, rapporteur de la loi du 18 avril 1886 au Sénat, n'a pas une portée bien grande puisque, non seulement il n'est jamais en aucun cas opposable aux tiers, mais que de plus, même entre époux, d'une part, il n'a aucune influence sur les intérêts moraux et que, d'autre part, en ce qui concerne les intérêts pécuniaires, il ne s'applique pas aux intérêts indépendants des conventions matrimoniales.

En somme l'effet rétroactif du jugement se réduit à peu près à cette unique conséquence de faire reporter, *théoriquement*, au jour de la demande, la liquidation des droits respectifs des époux. Aussi certains auteurs critiquent-ils vivement ce principe de la rétroactivité comme nuisible aux intérêts des époux eux-mêmes en ce que leur crédit en est amoindri et comme inutile puisqu'il n'altère en rien, vis-à-vis des tiers, la validité des actes par lesquels le mari peut avoir, à leur profit, compromis le patrimoine de la communauté (1).

Nous croyons aussi que la loi devrait nettement refuser, par une disposition formelle, un effet rétroactif quelconque au jugement de séparation de corps.

Nous avons vu, en effet, que la séparation de corps n'est définitivement acquise qu'au moment où le jugement qui la prononce est passé en force de chose jugée (art. 244, C. civ.) ; dès lors, n'est-il pas plus logique de

(1) Carpentier, *Traité du divorce*, t. II, n° 159, p. 184 et 188.

décider que tous les effets de la séparation de corps seront produits sans rétroactivité à ce moment-là ?

Le seul motif que l'on invoque pour justifier la rétroactivité est la nécessité de protéger la femme contre les obligations ou les aliénations consenties par le mari pour faire disparaître ou pour diminuer le patrimoine de la communauté ; mais, d'une part, la protection est illusoire puisque ces actes du mari sont maintenus à l'égard des tiers, et, d'autre part, s'il est vraiment nécessaire de protéger la femme, il suffirait d'assurer une application plus large de l'article 243 du Code civil, en permettant, par exemple, à la femme de faire annuler toutes les obligations et toutes les aliénations, quelles qu'elles soient, consenties par le mari, toutes les fois qu'il en résulte pour la femme une simple lésion.

Nous avons vu aussi que la séparation de corps était réglementée en partie par les dispositions relatives au divorce ; dès lors, on se demande pourquoi les règles de la transcription n'ont pas été aussi étendues à la séparation de corps.

Cet oubli du législateur de 1893 est d'autant plus inexplicable que, dans l'article 311 § 4, il a décidé que la modification apportée par la réconciliation des époux à la capacité de la femme séparée « n'est opposable aux tiers que si la reprise de la vie commune était constatée par acte passé devant notaire avec minute, dont un extrait devra être affiché en la forme indiquée par l'article 1445 du Code civil, et de plus par la mention en marge : 1° de l'acte de mariage ; 2° du jugement ou de l'arrêt qui a prononcé la séparation, et enfin par la publication en extrait dans l'un des journaux du département recevant les publications légales ». Voilà donc les registres de l'état civil contenant mention de la réconciliation survenue entre deux époux séparés de corps alors que les mêmes registres ne contiennent aucune mention de la séparation elle-même !

Nous devons faire remarquer en outre que, très peu de temps après la loi du 6 février 1893, le même législateur votait une loi relative à la publicité à donner aux décisions portant interdiction ou nomination d'un conseil judiciaire et qui a été promulguée le 16 mars 1893. Dans le décret portant règlement d'administration publique en exécution de l'article 4 de cette loi, le garde des sceaux déclarait qu'en imposant la tenue de ce registre spécial dont toute personne pourra prendre communication et se faire délivrer copie, la loi nouvelle a fait un premier pas dans la voie de l'institution du casier civil.

Il est certain qu'il y aurait là un grand progrès et qu'en ce qui concerne spécialement la séparation de corps cette institution sauvegarderait tous les intérêts.

Mais, sans attendre jusque-là, n'est-il pas évident qu'une réforme s'impose et qu'il est nécessaire, non seulement d'appliquer à la sentence judiciaire qui prononce la séparation de corps les règles de transcription, mais encore de décider que le jugement de séparation de corps produira tous ses effets sans exception, même à l'égard des tiers, au moment de la transcription sur les registres de l'état civil du jugement passé en force de chose jugée.

Ce système très simple aurait un double avantage : 1° fixer avec précision la date à laquelle la séparation de corps est acquise, et, depuis la loi du 6 février 1893 surtout, cette détermination est plus importante que jamais ; 2° effacer ou du moins annihiler les conséquences illogiques des dispositions contradictoires contenues dans les articles 880 du Code de procédure civile et 66 du Code de commerce.

Cette réforme aurait en outre pour résultat de mettre notre législation à la hauteur du Code civil allemand qui vient d'être récemment promulgué et dont les dispositions très sages méritent d'être citées.

Aux termes de l'article 1470 du Code civil allemand : « la dissolution de la communauté a lieu, dans les cas des articles 1468 et 1469, à partir du jour où la sentence qui la prononce a acquis force de chose jugée. La séparation de biens règne désormais.

« Cette dissolution n'a d'effet vis-à-vis des tiers que dans les conditions de l'article 1435. »

L'article 1435 du Code civil allemand contient la disposition suivante : « Lorsque le contrat de mariage exclut ou modifie le droit d'administration et de jouissance du mari, on ne peut invoquer cette disposition contre un tiers au sujet d'un acte juridique passé entre lui et l'un des époux ou d'un jugement en force de chose jugée rendu entre eux, si à l'époque de la passation de cet acte juridique, ou à celle de l'introduction de l'instance, cette exclusion ou cette modification de régime n'a pas été inscrite sur le registre matrimonial ou connue du tiers.

« Il en est de même lorsqu'un règlement des rapports matrimoniaux inscrit sur le registre matrimonial a été révoqué ou modifié par le contrat de mariage. »

Grâce à cette organisation des registres matrimoniaux et à la nécessité d'y inscrire les jugements passés en force de chose jugée qui prononcent la dissolution de la communauté, grâce aussi à la prévoyance du législateur, la législation allemande a su donner à tous le moyen de déterminer exactement le moment où la situation nouvelle commence à fonctionner et sauvegarder les intérêts des tiers par une publicité bien comprise. L'exemple du Code civil allemand est à suivre.

Ceci nous montre combien il serait utile de développer l'institution du casier civil, d'effacer de la loi les règles de publicité insuffisantes et incohérentes des articles 880 du

Code de procédure civile et 66 du Code de commerce, et de déclarer opposable aux tiers, par le seul fait de la transcription sur les registres de l'état civil, dès qu'elle est passée en force de chose jugée, toute décision judiciaire qui prononce une séparation de corps.

Vu :
Le Président de la thèse,
M. PLANIOL.

Vu :
Le Doyen,
GLASSON.

Vu et permis d'imprimer :
Le Vice-Recteur de l'Académie de Paris,
GRÉARD.

TABLE DES MATIÈRES

CHAPITRE PREMIER

Quel est, en principe, le moment où se produisent les effets des jugements ?

CHAPITRE II

Quel est le moment où se produisent les effets du jugement de séparation de corps ?

CHAPITRE III

Que faut-il entendre par jour de la demande ?

CHAPITRE IV

A quel moment un jugement de séparation de corps a-t-il force de chose jugée ?

CHAPITRE V

Quels sont les tiers à l'égard desquels le jugement de séparation de corps ne saurait rétroagir ?

Imp. J. Thevenot, Saint-Dizier (Haute-Marne).

Imp. J. Thevenot, Saint-Dizier (Hte-Marne)

www.ingramcontent.com/pod-product-compliance
Ingram Content Group UK Ltd.
Pitfield, Milton Keynes, MK11 3LW, UK
UKHW020144220726
13923UKWH00001B/358